地球の歩き方 島旅 15

改訂版

荒々しい火山の大地に
300万本の椿咲く島

伊豆大島
利島

IZU ①

伊豆諸島①

伊豆大島・利島へようこそ！

Welcome

伊豆大島・利島で暮らし、島を愛する皆さんが、
島の魅力やおすすめの楽しみ方を教えてくれました♪

夕方の空のグラデが
とってもきれい
なんです！

約300万本が自生する
ヤブツバキの楽園です！

夕日を眺めるなら
赤禿がおすすめ。
海に沈む夕日を
パノラマで見られる
スポットです♪

麗しいヤブツバキから
オオシマザクラまで、四季
折々に花を愛でることが
できる、美しい島ですよ。

元町
P.52

椿花ガーデン
山下 隆さん

ノスタルジックな港町で
島時間を味わってください！

元町
P.74

小坂 悠さん

波浮青年団
P.90

波浮青年団
奥山 徹さん
木村 直穂さん

利島産ヤブツバキ
100%の椿油を
ぜひ使ってみてください！

イセエビやサザエも
取れますよ！

島ならではの
おいしく新鮮な
食材がいっぱい。
粋のいい地魚は
ぜひ食べてみて！

古き良き港の町並が
今もなお残る波浮港。
穏やかな海を眺めながら
散歩しませんか？

利島で育つ日本固有種の
ヤブツバキの実から
貴重な椿油を
搾油しています！

溶岩が作り出す海岸は
力強さを感じさせます！

波浮港
P.92

港鮨
西川 竜也さん

利島
P.98

利島農業協同組合
加藤 大樹さん

元町
P.61

オレンジフィッシュ
粕谷 浩之さん

都心から一番近い
お魚天国！
紺碧の海に飛び込んで
魚と一緒に
泳ぎましょう♪

島に息づくあんこさん
文化にも触れてみて♪

見どころの多い大島。
日帰りはもったいない！
ぜひ宿泊して
楽しんでください。

サイクリングをしながら
眺める島の風景は絶景！
約1万5000年の地層が
重なった地層大切断面は
圧巻です。

毎日違う自然の色に
感動しっぱなしです！

元町
P.124

大島じてんしゃ協会
寺本 雄一郎さん

P.108
あんこさん
大西さん
長田さん

海も山もどちらも
豊かな島。都会では
見られない景色が
たくさん転がっています。

岡田
P.89

Hotel MOANA
李 素福さん

空を見上げれば
満天の星！

冬場、島が
椿の木で覆われ
冬に咲く花は見もの！
鳥のさえずりにも
癒やされます♪

利島の魅力は
大自然と心優しい島の人

大島牛乳を使った
アイスクリームはいかが？

大島へ来たら
ぜひ裏砂漠へ。
まるで別の惑星に
いるかのような風景が
広がっています。

利島
P.98

利島の
おみやげ屋さん
モリヤマ
森山 恵子さん

島時間でゆっくり
過ごしてください♪

利島は
ココです

元町
P.78

島のアイスクリーム屋
トリトン
浅沼 務さん

火山島の
エネルギーを
感じたいなら三原山へ。
東京とは思えない
豊かな自然が
広がります！

元町
P.81

Hale 海 Guest House·oshima
鈴木 稚加子さん

利島
P.94

野生のイルカが
すむほど美しい海に
囲まれた利島。
イルカと一緒に泳いで
みてください！

黒澤 美咲さん

3

思い立ったら、さあ、島に出かけよう

島旅×ジブン時間

都心から南に 120km の海に浮かぶ伊豆大島。東京・竹芝から高速船でわずか 1 時間 45 分と気軽に訪れることができる島では、驚くほど豊かな自然と、あたたかな人々との出会いが待っている。

雨のあと、巨大な水たまりが出現し、三原山が映し出される。自然が生み出した奇跡の光景だ

1

島旅×ジブン時間

火山が造り上げた、圧倒的な景観の中を旅する

繰り返し噴火を重ねた島には、いたるところにその痕跡が残されている。
島を歩いていると、突如現れるそのダイナミックな景観の連続に圧倒されるだろう。

2

4

6

3

5

1. 地層大切断面は約 100 回分の大噴火の歴史の縮図
2. 円錐形の美しい宮塚山を中心に海に浮かぶ利島
3. 椿ガーデンから海越しに、富士山までを望む
4. 直径約 350 mにもなる巨大な三原山の火口
5. 溶岩が冷え固まってできた長根岬
6. 酸化した鉄分により赤色の岩の内部が見られる赤禿

上／木々に覆われた三原山西側のトレッキングルート
左下／海にぽつんと立つ筆島。浸食により岩の硬い部分だけが残った
右下／溶岩が浸食され赤い岩がむき出しになった「赤ダレ」

【島旅×ジブン時間】

島の優しい空気に包まれて深呼吸

荒々しい大地は、穏やかな表情も見せる。椿やアジサイ、島に生きる巨木。
生命の息吹に満ちあふれた島にいると、活力が湧いてくるよう。

1. サンセットパームラインから海の向こうに落ちる夕日を眺める
2. 公共露天風呂「浜の湯」で海に沈む夕日を眺めながらひと息
3. 椿、桜、アジサイ。島の花リレーは続く
4. 島に自生する椿は約300万本。縄文時代から島を彩ってきた
5. 津波で海とつながった火口湖は、人の手で良港へと変わった
6. その散り際には、あたり一面を椿の絨毯に変える

「泉津の切り通し」。2本の根の間を抜ける階段は秘密の入口みたい

（島旅×ジブン時間）

長い年月が育んだ島の文化に触れる

少なくとも 8000 年前から人が暮らしていた伊豆大島。たび重なる噴火を乗り越えた人々は
外部から流入してきた文化を取り入れて、新たな風土を作り上げている。

1. 最盛期の 2 月〜3 月下旬、島は椿に彩られる
2. 島の牛乳を使った牛乳せんべいは素朴で優しい味わい
3. 波浮港の名物、たい焼きを片手に港町をお散歩
4. 椿まつりでは、島のあんこさんに会えるかも
5. 新鮮な魚介はシンプルに焼いて食べるのが最高だ
6. 近年サイクリングやマラソンなどのイベントが盛ん

左上／取れたての魚や明日葉の天ぷら。島の味覚に舌鼓
右上／古民家を改築した「島京梵天」のノスタルジックなカフェ
下／その見た目から「眼鏡橋」と呼ばれるかわいらしい橋

島の皆さんからのメッセージ
伊豆大島・利島へようこそ！ ……… 2

巻頭グラフ
島旅×ジブン時間 ………………… 4

ひと目でわかる伊豆大島・利島 … 14

伊豆大島・利島の島ごよみ ………16

伊豆大島・利島をもっとよく知る
Keyword ……………………… 18

とっておき島みやげ ……………… 20

今すぐ食べたい島グルメ ……… 22

Interview 島人インタビュー

TO-ON デザイン
千葉 努さん玲美さん …………… 24
かめりあファーム
小坂 晃一さん …………………… 32
利島村役場
荻野 了さん …………………… 100
アイランドスターハウスオーナー
竹内 英さん …………………… 116

Recommended Routes
伊豆大島・利島の巡り方 25

タイプ別モデルプラン①
▶ 大島椿満喫プラン …………………… 26
タイプ別モデルプラン②
▶ バスで満喫大島ツアー …………… 28
タイプ別モデルプラン③
▶ 利島・大島周遊プラン …………… 30

How to Enjoy
伊豆大島・利島の遊び方 33

伊豆大島・利島を彩る
絶景スポット 10 …………………… 34

伊豆大島

伊豆大島 NAVI …………………… 36
三原山トレッキング　3時間コース ………… 38
三原山トレッキング　表砂漠・赤ダレコース … 40
裏砂漠トレッキング　月と砂漠ライン ……… 41
サンセットパームライン・サイクリング ……… 42
三原山ダウンヒルサイクリング ………… 44
4WD で砂漠をドライブ …………… 45
大島公園遊歩道トレッキング ………… 46
バギーライドツアー / 釣り体験 / テントサウナ体験 … 47
海辺ヨガ / 星空ウオッチング / レンタル・キャンピングカー … 48
スノーケリングツアー / 体験ダイビング / SUP 体験 … 49
大島に椿を愛でに行く …………… 50
大島・利島椿油図鑑 …………… 54
波浮港まち歩き ………………… 55
伊豆大島の料理教室 …………… 56
七福神巡り ……………………… 57
椿油搾り体験 / つばき花びら染体験 / 塩工場見学 … 58
大島の酒蔵探訪 ………………… 59
伊豆大島・利島のビーチ巡り ……… 60
アクティビティ会社リスト ………… 61
こだわりの島宿でのんびりステイ …… 62
ぷらっとハウスで島の食材を手に入れる！… 64
島のキャンプ場 ………………… 65
島で人気のレストラン …………… 66
のんびり島カフェ ………………… 68
島でスナックデビュー …………… 70

愛犬と島旅へ ……………………………… 71
島の湯巡り ………………………………… 72

伊豆大島エリアガイド

元町 ………………………………………… 74
観る・遊ぶ ………………………………… 75
食べる・飲む ……………………………… 76
買う ………………………………………… 79
泊まる ……………………………………… 80

三原山周辺 ………………………………… 82
観る・遊ぶ ………………………………… 83
食べる・飲む ……………………………… 83

岡田・泉津 ………………………………… 84
観る・遊ぶ ………………………………… 85
食べる・飲む ……………………………… 86
買う ………………………………………… 88
泊まる ……………………………………… 88

波浮港・差木地 …………………………… 90
観る・遊ぶ ………………………………… 91
食べる・飲む ……………………………… 91
買う ………………………………………… 92
泊まる ……………………………………… 93

利島

利島 NAVI ………………………………… 94
宮塚山ハイキング ………………………… 96
観る・遊ぶ ………………………………… 98

買う ………………………………………… 98
泊まる ……………………………………… 98

More about Izuoshima & Toshima
伊豆大島・利島の深め方 101

伊豆大島・利島の地理と産業 ………… 102
伊豆大島・利島の歴史 ………………… 104
伊豆大島・利島の祭り歳時記 ………… 106
島の伝統文化・伝統芸能 ……………… 108
島の手しごと …………………………… 110
島に恋して ……………………………… 112
島言葉 …………………………………… 114
伊豆大島・利島 島本&映画セレクション 115

Basic Information
旅の基本情報 117

旅の基礎知識 …………………………… 118
伊豆大島・利島へのアクセス ………… 122
伊豆大島・利島島内の移動術 /
観光案内所活用術 ……………………… 124
おもな宿泊リスト ……………………… 126

索引 ……………………………………… 127
奥付 ……………………………………… 128

本 書 の 見 方

使用しているマーク一覧

交 交通アクセス　　料 料金　　　　　　　　　観る・遊ぶ
住 住所　　　　　客室数 客室数　　　　　　　食べる・飲む
電 電話番号　　　カード クレジットカード　　　買う
問 問い合わせ先　駐車場 駐車場　　　　　　　泊まる
営 営業・開館時間　URL ウェブサイト　　　voice 編集部のひと言
所要 所要時間　　　予約 予約
休 定休日

地図のマーク

● 観る・遊ぶ　　　　　寺 寺院
● 食事処　　　　　　　温 温泉　　神 神社
S みやげ物店　　　　　観光案内所
● 宿泊施設　　　　　　学 学校
A アクティビティ会社　バス バス停
● スパ・エステ

※新型コロナウイルス感染拡大の影響で、営業・開館時間や定休日が変更になる可能性があります。お出かけ前に各施設・店舗にご確認ください。
※本書に掲載されている情報は2022年9月の取材に基づくものです。正確な情報の掲載に努めておりますが、ご旅行の際には必ず現地で最新情報をご確認ください。また弊社では、掲載情報による損失等の責任を負いかねますのでご了承ください。
※商品・サービスなどの価格は原則として税込価格で表示しています。
※定休日について、記載がなくても年末年始・お盆などの祝日が休みになる場合があります。
※宿泊料金は特に表示がない場合、1室2名利用時の1名あたりの料金です。また、素…素泊まり、朝…朝食付き、朝夕…朝夕食付きを意味します。

ひと目でわかる
伊豆大島・利島

首都圏から最も近い伊豆大島と、島の約80%をヤブツバキが覆う利島。ふたつの島の見どころはここ！

椿油の生産量日本一の
椿アイランド **P.94**

利 島

周囲わずか8kmの小さな島。
椿と星空を眺める、のどかな時間を楽しんで。

宮塚山 →P.96
島の中央にそびえる
お椀型の美しい山。

ドルフィンスイム →P.95
周辺にすむ約20頭の
イルカと泳ぐことができる。

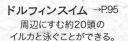

両脇に巨木がそびえる！

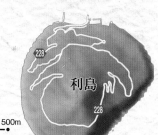

利島

228
228

0 ──── 500m

椿を見に行くなら冬！
大島、利島の椿が咲き
誇るのは1月上旬から
3月中旬。大島では島
の各地で椿まつりが開
催されにぎわう。

伊豆大島・利島への行き方・詳しくはP.122

ジェット船

東京の竹芝桟
橋などから
ジェット船が
運航。竹芝桟橋から大島まで所要
1時間45分。利島まで2時間25分。

大型客船
竹芝桟橋か
ら大島まで約
6時間。利島
まで約7時間35分。下田から大
島までフェリーで約1時間35分。

飛行機
調布飛行
場から大
島空港ま
で小型プロペラ機の飛行機が
運航。1日2便。所要25分。

ヘリコプター
大島と利島間
は、東邦航空
のヘリコプター
「東京愛らんどシャトル」が運
航。所要10分。

東京大島
かめりあ空港

20

元町

208

野

太

平

洋

伊

豆

諸

島

東京竹芝
横浜おおさん橋
熱海
下田
館山
大島
利島
式根島 新島
神津島 三宅島
御蔵島
八丈島
青ヶ島
N
0 50km

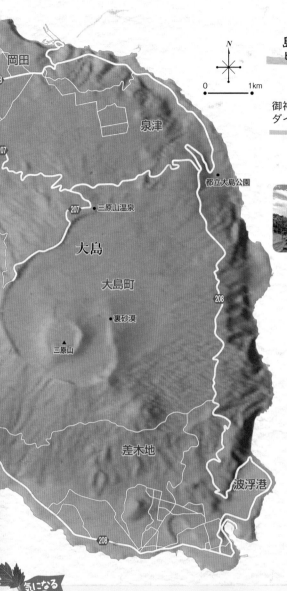

岡田

泉津

207

都立大島公園

207 ● 三原山温泉

大島

大島町

● 裏砂漠

▲ 三原山

208

差木地

波浮港

208

N
0 ─── 1km

P.36

島全体が活火山の ビッグアイランド

大 島

御神火とあがめられる三原山を中心に
ダイナミックな景観が広がる。

三原山 →P.38
山肌をつたう溶岩流が
印象的な三原山。

地層大切断面 →P.75
島の火山の歴史を物語る
いわば「大地の歴史年表」。

波浮港の町並み →P.55
古い町並みが残る波浮港。

1日の終わりは
ステキな夕日！

気になる

ベーシックインフォメーション Q&A

Q 何日あれば満喫できる?

A 大島だけならば日帰りというツアーも
あるが、見どころをおさえるならば短くて
も1泊2日は欲しい。夜行の大型客船
で早朝島に到着し、島に1泊、翌日高
速船で帰る2泊3日という行程もおすす
め。利島は船の欠航が多いので注意。

Q ベストシーズンはいつ?

A 海水浴を楽しみたいならば、7～8
月。青空が広がり、島らしい風情を楽し
むことができる。椿の開花を楽しむなら
ば、1月下旬～3月中旬に訪れて。また、
春はオオシマザクラ、梅雨はアジサイ、
秋はススキと、1年を通して楽しめる。

Q おみやげは何がある?

A 大島、利島、ともに椿の栽培が盛ん。
島産の椿の種を搾った椿油は質がよい。
また、大島のお菓子ならば牛乳せんべい
が名産。牛乳、卵、バター、砂糖、小
麦粉のみで作られた素朴な味わいでおみ
やげにも好評だ。

伊豆大島・利島の島ごよみ

平均気温 & 降水量

※参考資料　気象庁ホームページ
http://www.jma.go.jp/jma/
1991 〜 2020 年の平均値

	1月	2月	3月	4月	5月

伊豆大島　　平均気温（℃）　　　　東京（千代田区）　平均気温（℃）
　　　　　　最高気温（℃）　　　　　　　　　降水量（mm）
　　　　　　最低気温（℃）
　　　　　　降水量（mm）

グラフ値：
- 平均気温　11 / 11.6 / 14.6 / 18.2 / 21.9
- 7.5 / 7.8 / 10.4 / 14.4 / 18.2
- 3.9 / 4 / 6.6 / 10.7 / 14.8
- 降水量　137.3 / 146.0 / 238.4 / 247.4 / 256.5

日の出 / 日の入り	6:49 / 16:42	6:41 / 17:11	6:11 / 17:38	5:29 / 18:04	4:52 / 18:28
海水温	18℃	16℃	16℃	16℃	18℃

オンシーズン

シーズンガイド

冬　12〜3月
冬場は冷え込む。1月下旬から3月下旬にかけて「伊豆大島椿まつり」が開催され、島外からの観光客でにぎわう。

春　4〜6月
梅雨入りと同時期に約3万本のアジサイが島を彩る。特にあじさいレインボーラインが見どころ。

お祭り・イベント
※詳しくは P.106 へ

伊豆大島椿まつり
島に自生する推定300万本の椿の開花に合わせて盛大な祭りが開催される。

ジオパークマラソン
三原山や海越しに望む富士山を眺めながら走る。

見どころ・旬のネタ
※詳しくは P.121 へ

- 明日葉の新芽
- 椿の開花
- オオシマザクラの開花
- イセエビの旬
- トコブシの旬
- サバの旬
- サピ（クロシビカマス）

黒潮の影響を受けた伊豆大島は、寒暖差が比較的少ない温暖湿潤な海洋性気候。冬場は強い季節風の影響で、船が欠航となることがある。また、1〜3月に咲き誇る椿は必見。伊豆大島では島をあげて椿まつりが開催される。

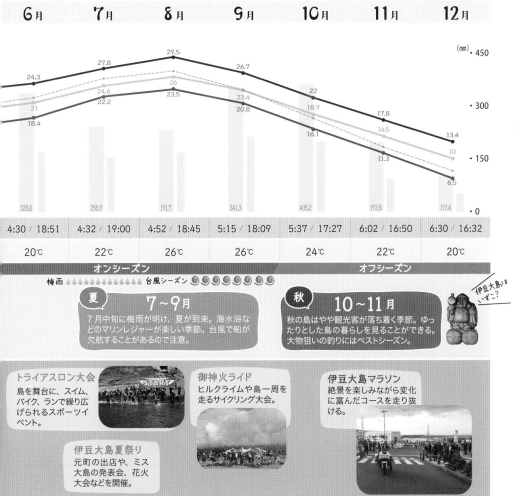

	6月	7月	8月	9月	10月	11月	12月
	24.3	27.8	29.5	26.7	22	17.8	13.4
	21	24.6	26	23.4	18.9	14.5	10
	18.4	22.2	23.5	20.8	16.1	11.3	6.5
降水量(mm)	328.8	255.9	191.7	341.3	405.2	192.8	117.6
日の出/日の入	4:30 / 18:51	4:32 / 19:00	4:52 / 18:45	5:15 / 18:09	5:37 / 17:27	6:02 / 16:50	6:30 / 16:32
水温	20℃	22℃	26℃	26℃	24℃	22℃	20℃

オンシーズン **オフシーズン**

梅雨　台風シーズン

伊豆大島は
いずこ？

夏 **7〜9月**
7月中旬に梅雨が明け、夏が到来。海水浴などのマリンレジャーが楽しい季節。台風で船が欠航することがあるので注意。

秋 **10〜11月**
秋の島はやや観光客が落ち着く季節。ゆったりとした島の暮らしを見ることができる。大物狙いの釣りにはベストシーズン。

トライアスロン大会
島を舞台に、スイム、バイク、ランで繰り広げられるスポーツイベント。

御神火ライド
ヒルクライムや島一周を走るサイクリング大会。

伊豆大島マラソン
絶景を楽しみながら変化に富んだコースを走り抜ける。

伊豆大島夏祭り
元町の出店や、ミス大島の発表会、花火大会などを開催。

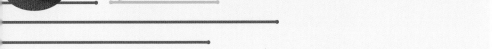

アジサイの開花
カツオの旬
椿の開花
イセエビの旬
海水浴のシーズン

伊豆大島・利島をもっとよく知る
Keyword

伊豆諸島のなかでは首都圏から最も近い島。とはいえ、島には独特の文化や、ここでしか見られない風景が広がる。島を代表するキーワードを頭に入れておくと旅がさらにおもしろくなる。

あんこさん
Anko-san

冬場島を彩る椿とともに開催される祭り
島に自生する約300万本の椿の開花に合わせて開催される祭り。1月下旬から3月下旬の間、夜まつりやみこし、写真大会などが行われる。

椿まつり
Tsubaki Festival

椿まつりに花を添える島の"おねえさん"
もともとは島で目上の女性に対して使われていた呼び方。現在は、紺の着物に手ぬぐいをつけた女性をそう呼び、椿まつりシーズン中に会うことができる。

サイクリング
Cycling

初心者からベテランまで豊富なコースを快走
夕日を望む絶景コースから島一周や三原山ダウンヒルなど多彩なコースがあり、近年サイクリストに注目されている。

マラソン
Marathon

プロも練習に訪れるランナー修業の地
アップダウンが多い島の地形はマラソンのトレーニングに最適で、プロも頻繁に訪れる。コロコロ変わる天候に、精神的にも打たれ強くなるとか!?

大島牛乳
Oshima Milk

酪農アイランドの搾りたてミルク
大正時代、酪農で栄えた大島。一時は衰退したものの、近年有志が集まり再び酪農を開始。大島牛乳や、バター、牛乳せんべいなどで味わえる。

島に自生するスーパーフード
温暖で雨の多い島で自生するセリ科の多年草。独特の香りがあり、天ぷらやおひたしで食べられる。

明日葉
Ashitaba

三原山
Mt. Mihara

噴火を繰り返す
大島のシンボル
島の中央にそびえる活火
山の一部。島民からは
御神火様として奉られて
きた。周辺では絶景を
眺めながら、トレッキン
グが楽しめる。

星空
Starry sky

島に自生する
日本固有の桜
3〜4月に白色の花を咲
かせるサクラ。泉津には、
推定樹齢800年のサクラ
株があり、特別天然記念
物に指定されている。

オオシマザクラ
Oshima Cherry tree

夜空を見上げれば
天然のプラネタリム
光害の少ない島はいたるところが星
空の観測スポット。降りそそぐよう
な星空を眺めよう。

地層大切断面
The Great Road Cut

地図に記された
日本唯一の砂漠
三原山の東側に広がる黒
い大地。国土地理院の地
図で日本で唯一砂漠と表
記された場所。月面のよう
な光景に圧倒される。

裏砂漠
Ura-sabaku Desert

突如現れる地層が語る
火山活動の歴史
大島一周道路沿いに出現する大噴火100回分の地層が
積み重なる様子は、別名バームクーヘンとも呼ばれる。

トウガラシ醤油が
ぴりりと効いた寿司
青トウガラシ入りの醤油
に漬け込んだ魚をシャリ
の上にのせた寿司。つや
つやとしたべっこう色の
見た目からそう呼ばれ
る。

べっこう寿司
Bekko zushi

ジオパーク
Geopark

地球の活動を体感する
絶好のフィールド
噴火やそれを乗り越え生き抜く動植物の姿が見られる島
は、2010年日本ジオパークに認定された。

島の思い出をお持ち帰り!

島みやげ

とっておき

定番の椿油から、バラマキみやげまで、
伊豆大島・利島の人気アイテムはこちら!

椿油からお菓子まで多彩な品揃え!

\定番!/ 椿グッズ

伊豆大島、利島といえば椿。
良質な椿油や、スキンケア製品、食品などの
椿グッズを手に入れよう。

2000円

ご朱印帳
伊豆大島を象徴する
椿の柄。これで島の
神社を巡ろう C

1200円

**宮椿
リップクリーム**
椿油配合のリップクリーム。
利島島内限定販売 D

200円

椿柄缶バッジ
伊豆大島に自生するヤブ
ツバキをモチーフにした
缶バッジ C

540円(1パック4袋入り)

椿あげ
椿油で揚げたあられ。醤油や明日葉
などの味がある E

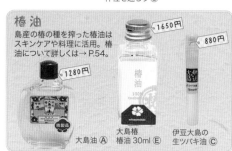

椿油
島産の椿の種を搾った椿油は
スキンケアや料理に活用。椿
油について詳しくは→ P.54。

1650円

880円

1280円

大島油 A

大島椿
椿油 30ml E

伊豆大島の
生ツバキ油 C

島の味覚を自宅でも!

\絶品!/ 調味料

青トウガラシを使った醤油やていねいに作られた
塩など、持ち帰って料理に使えば島気分に。

青唐がらし醤油
青トウガラシ入りの醤
油。刺身につけてワサビと
違う味を楽しんで B

460円

1620円

**パッション
フルーツバター**
大島産パッションフルー
ツを使用したフルーツバ
ター。揚げ物や肉料理
のソースにも I

1000円

Spring (SAKURA)
大島に自生するオオシマザクラ
を中心に花の蜜でできたハチミ
ツ F

500円

**大島の
火山七味**
島トウガラシのキリッとした辛さに、
深みある味わいが広がる大島産七
味唐辛子 C

1080円

**一味
とうがらし**
青トウガラシの
刺激が爽快。料
理にかけても風
味そのまま B

650円

**Flower Of Ocean
シホ 200g**
海洋深層水を原料
とし、時間をかけて
ていねいに作った塩
G

1260円

370円

海の精 やきしお
ニガリなどを一切使わず、伊豆大島
の海水のみで作った塩 B

大島バター
島の牛乳と塩で作った手作りバター。
コクと風味が違う I

こだわりの!/ お菓子

バラマキにもオススメ!

島の牛乳をたっぷり使った牛乳せんべいや、地層を模したユニークなお菓子まで!

大島牛乳をたっぷり使った牛乳せんべい

100年以上作られ続ける牛乳せんべいは、牛乳、小麦粉、砂糖、卵、バターで作るシンプルな焼き菓子。伊豆大島ではできたての牛乳せんべいも食べられる。

480円 (8枚入り)
360円 (6枚入り)
710円 (16枚入り) Ⓙ Ⓒ Ⓑ

地層切断面 バウムクーヘン
（あしたば味／プレーン味）

伊豆大島の名所・地層切断面をイメージしたバウムクーヘン Ⓚ

OSHIMAP サブレー

大島の形をしたサブレ。海の精の塩を使い甘さ控えめ Ⓐ

リスまんじゅう

卵と牛乳、バター、そして明日葉を練り込んだ生地が美味 Ⓙ
120円

明日葉 ブランデーケーキ

明日葉生地にブランデーを練り込んだ香り高いケーキ Ⓜ
900円

380円

三原山 溶岩クッキー

溶岩の形をしたアーモンドクッキー。サクッとした食感 Ⓚ

個性派!/ 雑貨

自分みやげを探そう!

Tシャツやアクセサリーなど身につければいつも島気分。

1000円

OSHIMA PRIZA ネックレス

椿のプリザーブドフラワー・ネックレス Ⓐ

2000円

島ぞうり

リユースの着物を使い地元の人々が作る布ぞうり。ひとつとして同じ柄はない Ⓗ

1900円

牛乳煎餅Tシャツ

えびすやのオリジナルTシャツ。2種類のカラバリあり Ⓒ

島マッチを手に入れよう!

ふたりのアーティストが手がける島をモチーフにしたご当地マッチ。各飲食店やショップなどもオリジナルデザインのマッチを販売している。

えびすや土産店その他、宿やショップでオリジナルマッチを扱う

ダサい キーホルダー

レトロ感がある高林商店オリジナルのキーホルダー。ツバキバージョンも Ⓝ

500円

島の魂!/ 焼酎

島といえばやっぱり酒!

大島、利島生まれの焼酎は、口当たりよくおみやげにも◎。

御神火 いにしえ
500mℓ

伊豆大島唯一の酒蔵が作る、2年間眠らせた香り高い焼酎 Ⓔ
1620円

2200円

さくゆり焼酎
（華）

利島に自生するサクユリの根を使った、香り高い焼酎 Ⓜ

ここで買えます!

Ⓐ	阿部森売店	P.79
Ⓑ	みよし土産品店	P.79
Ⓒ	えびすや土産店	P.80
Ⓓ	利島のおみやげ屋さんモリヤマ	P.98
Ⓔ	minato にぎわいマーケット	P.85
Ⓕ	WINE-ISLAND 風待	P.80
Ⓖ	一峰	P.86
Ⓗ	36 CAFE	P.71
Ⓘ	ぷらっとハウス	P.64
Ⓙ	椿花ガーデン	P.52
Ⓚ	シャロン	P.78
Ⓛ	海市場	P.79
Ⓜ	利島農業協同組合	P.98
Ⓝ	高林商店	P.90
Ⓞ	らぁ麺 よりみち 伊豆大島	P.92

やみつき!/ 海産物

やっぱり外せない海の幸

新鮮な魚介をお持ち帰り。焼酎とも相性抜群。

900円

トコブシ煮付け

アワビの仲間、トコブシを煮付けにした真空パック Ⓛ

650円

島のり

島の天然食材。ラーメンや味噌汁に入れて味わって Ⓑ

今すぐ食べたい 島グルメ

新鮮な海の幸はもちろん、島のスーパーフードといわれる明日葉や、海藻や椿油を
使ったボリュームたっぷりのご飯もの、島育ちの牛たちの乳製品を使ったメニュー
など、必食の島ごはんはこれ！

これを食べなきゃ
はじまらない！
海の幸

名物べっこう寿司をはじめ、くさ
や、イセエビなど島の新鮮な魚介
を使ったメニューを味わって。

地魚にぎり
2050円
キンメダイやナワキリなど9
種類の地魚を握りで。
●港鮨→ P.92

ピリ辛が
癖になる

べっこう寿司五貫
990円
伊豆大島名物のべっこう寿司。白身魚をト
ウガラシ醤油に漬けこんだピリ辛味。
●割烹 市松　→ P.66

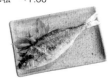

伊勢海老の
刺身
時価
ぷりぷりのイセエビの刺身。
事前予約が必要。
●しんき→ P.99

たかべの塩焼き
時価
夏が旬の白身魚。さっぱりした味ながら、
脂ものっていてまさに絶品。
●肴や→ P.77

青むろくさや
800円
独特の香りとふっくらした身。焼
酎のお供にぴったりだ。
●肴や→ P.77

赤いかの刺身
時価
春から夏が旬の赤いか。青トウガ
ラシと一緒に召し上がれ！
●焼鳥よっちゃん→ P.79

盛り合わせ一人前
1980円
サビやアオダイなど地魚が中心。わさびの代
わりに青トウガラシで。
●割烹 市松→ P.66

一峰丼
1500円
べっこう、トコブシ煮、
イカの刺身がのった
丼。1日限定15食。
●一峰→ P.86

ナワキリの一夜干
時価
島ではサビと呼ばれる魚、ナワキ
リ。温かいうちにいただこう。
●港鮨→ P.92

トコブシの煮付け
時価
島で取れる貝・トコブシの煮付け。
3〜7月が旬。
●港鮨→ P.92

さまざまな
アレンジが楽しみ
明日葉

伊豆大島で栽培される明日葉。ほろ苦さとさわやかな後味がクセになる。

食感を楽しんで

アシタバの天ぷら
600 円
島に自生する明日葉を揚げた天ぷら。島の塩と共に。
●海鮮茶屋 寿し光→ P.67

明日葉と島のり炒め **660 円**
さわやかな香りの明日葉と島のり、ふたつの島の特産の炒め合わせ。 ●割烹 市松
→ P.66

明日葉
ツナマヨ和え
880 円
香りの強い明日葉をマヨネーズで和えてまろやかなコクをプラス。
●居酒屋 島→ P.66

大島の新ブランド豚！
カメリア
黒豚

カメリア黒豚
肩ロースステーキ
1200 円
大島初のブランド黒豚をステーキで。肉質柔らかでジューシー。
●ピザよし→ P.67

シメにも
ランチにも！
ごはん
＆麺

ボリューム満点のひと皿でおなか大満足！

塩ラーメン
650 円
伊豆大島の塩で作るラーメン。優しい味わいでほっと癒やされる。
●軽食ちび→ P.86

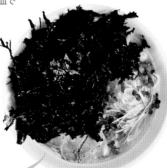

香りも
華やか！

島海苔ラーメン 貝塩味
1100 円
貝だしと大島の塩の濃厚なスープに、大島産島のりがたっぷり入ったラーメン。
●らぁ麺 よりみち 伊豆大島→ P.92

椿天丼
1100 円
食用の椿油を使用し、カラッと揚げた天ぷらをのせた天丼。
●名代 歌乃茶屋
→ P.83

甘味でほっとひと息
スイーツ

島生まれの素材で作ったほっこりスイーツ。

疲れが
吹き飛ぶ

明日葉たい焼き
300 円
暑い日にもひんやり涼める、もちもち食感の冷たいたい焼き。
●島京梵天→ P.69

ソフトクリーム
400 円
滑らかな口溶けがたまらない、大島牛乳のソフトクリーム。
●ぶらっとハウス
→ P.64

ジェラート
（ダブル）
550 円
大島牛乳をベースに島の食材を合わせたオリジナルフレーバーが人気。
●ぶらっとハウス→ P.64

大島牛乳ぷりん
380 円
コクのある大島牛乳で作るプリン。甘さ控え目でナチュラルな味わい。
●シャロン→ P.78

これもチェック！

大島牛乳
伊豆大島の牧場で育った乳牛から搾乳。殺菌方法を工夫することにより、本来の味と香りが楽しめる。賞味期限が短いため基本、島内の販売が中心。

伊豆大島 島人インタビュー 1
Islanders' Interview

人と人、
アイデアとアイデアをつなげて
島をもっとおもしろくしたい

いろんなお店が
いっぱい！

上／スーパーマーケットの駐車場で開
催した「大島グッデイマーケット」
下／小学生を対象にしたポスターデザ
インに関する課外授業も

TO-ON デザイン　千葉 努さん
（トゥ オン）　　（ちば　つとむ）
玲美さん
（れ み）

千葉さんが運営するウェブサイト「伊
豆大島ナビ」は質・量ともに大充実

多くの人と出会い築いた
島での活動の礎

　観光情報サイト「伊豆大島ナビ」、
大島の魅力や暮らしを伝えるフリー
ペーパー「12class」、島の農作物
直売所「ぶらっとハウス」、あるいは
「大島グッデイマーケット」などの各
種イベント――。伊豆大島の魅力
を発信・活用するこれらのコンテン
ツに関わるキーマン、それが千葉努
さんだ。

　本職は TO-ON デザインという
夫婦のデザインユニット。活動に合
わせてその肩書は運営者やライ
ター、あるいは理事と多岐にわたる
が、移住した 2009 年当時は、大
島出身の妻・玲美さんのツテ以外
はない状況だった。そこで千葉さん
はまず商工会に就
職することになる。
「小規模事業者の
商売の相談に乗っ

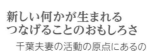

2017 年まで発行された
「12class」。後世に残し
たい島の営みが綴られる

たり、物産展で大島の売り込みをし
たり。商工会の仕事を通じて多くの
人と出会えたのは幸運でした」と千
葉さん。そんな出会いのひとつが
新たな活動の足がかりとなったケース
も少なくない。

　例えば島内外の人たちの交流を
コンセプトとしたコミュニティ拠点の
kichi。場所は元町港近くの旧ジャ
ズ喫茶。音楽好きの千葉夫妻が店
の閉業を残念がっていたところ、商
工会を通じて知り合った店主の息子
さんから「ここを"kichi"に使えば?」
と提案を受けたことで実現したもの
だ。

新しい何かが生まれる
つなげることのおもしろさ

　千葉夫妻の活動の原点にあるの
は、栃木県宇都宮市の廃れた商店
街で地域再生に挑む、塩田大成さ
んというコミュニティづくりの先達
の存在。「自分が楽しく暮らせる街
にすれば、地域も自然とおもしろく
なる」という彼のシンプルな考えは

今も指針となっている。

　そしてもうひとつ、彼のアドバイ
スが「つなげる」こと。「人もアイ
デアも一見関係のなさそうなところ
をつなげるとおもしろいことが起こ
るんです」と話す千葉さんは実に楽
しそう。冒頭に挙げた活動の多様
性はその産物といえよう。

　目下の課題は 2017 年にやむな
く拠点を閉じた kichi の本格稼働。
「コミュニティづくりにリアルな拠点
は必須。今度は仲間とエリア開発
構想もあるんです」

　ひとつのつながりが新たな出会い
を生み、出会いの数だけ可能性も
広がる。つながりの連鎖と循環の
その先に、伊豆大島はどのような
姿を見せてくれるのだろうか。

伊豆大島・利島の巡り方

Recommended Routes

ダイナミックな地形を椿が彩る伊豆大島と利島。

椿をめいっぱい愛でる？アクティブに過ごす？
旅の目的に合わせたベストプランはこれ！

椿をまるごと楽しむ！
大島椿満喫プラン
2泊3日

伊豆大島の自然や、文化、人の暮らしに深く関わっている椿。
美しい椿庭園の観賞から椿を使ったアクティビティまで、伊豆大島の椿に深く触れよう。

1日目 国際優秀つばき園でさまざまな椿を観賞する
総距離 27.4km

- ① 11:00 大島高校で椿園を観賞
- ② 12:30 椿油で揚げた天丼ランチ
- ③ 13:30 サザンカの道を散策
- ④ 14:00 椿花ガーデンを散歩
- ⑤ 15:30 椿園と椿資料館を巡る

椿の絵のバス停を
見つけてね！

2日目 椿を使用したアクティビティを満喫
総距離 9.2km

- ⑥ 9:00 椿花びら染めに挑戦
- ⑦ 11:00 椿油搾り体験
- ⑧ 15:00 椿アイスでひと休み
- ⑨ 18:00 つばき寿司でディナー
- ⑩ 21:00 バーで椿カクテルを味わう

色合いも美しい
椿のカクテル！

3日目 椿の風景と文化に浸る
総距離 11km

- ⑪ 9:00 野地の椿で良縁祈願
- ⑫ 10:00 椿絨毯で写真撮影
- ⑬ 12:00 港に戻りランチ
- ⑭ 13:30 あんこさん体験
- ⑮ 14:00 椿油をおみやげに

椿の種よ
細かくな〜れ！

1日目 11:00 ｜車で約20分｜ 12:30 ｜車で約6分｜

❶ 高校生たちが育てた美しい椿を愛でる

約380品種1000本以上の椿が鑑賞できる都立大島高等学校へ。椿まつり期間中のみ一般公開している。→P.52

国際優秀つばき園に認定された

❷ 椿油でカラッと揚げた天丼のランチ

ランチは、三原山頂口にある「名代 歌乃茶屋」へ。元町の町並みと海の眺めを楽しみながら、椿天丼で腹ごしらえ。→P.83

コツは椿油を2割使用すること

2日目 9:00 ｜車で約7分｜ 11:00 ｜車で13分｜

❻ 好みの柄に仕上げる！椿花びら染め体験

ハンカチやスカーフなどをヤブツバキの花びらで色づけする染め物体験にチャレンジ。どんな柄になるかな？→P.58

染色家と島の女性が考案したそう

❼ 昔ながらの方法で椿油を手づくり

椿油を自分で搾ってみよう。搾り終えたあとの、できたて椿油で明日葉を炒めて試食するのも楽しみ！→P.58

できあがった椿油はおみやげに

3日目 9:00 ｜車で約10分｜ 10:00 ｜車で約7分｜

⑪ 野地の夫婦椿で良縁祈願をしよう

恋愛パワースポットといわれる「夫婦椿」へ。根っこが仲よく腕を組んでいるように絡み合っている。→P.53

野地の椿の一角にある看板を頼りに探して

⑫ 一面が椿色の絨毯に！椿の森公園を散策

三原山登山道の脇にある「椿の森公園」へ。シーズンには、落ち椿があたり一面を敷き詰め、まるで絨毯のよう。→P.53

広々とした敷地が椿色に染まる

大 島

プランニングのコツ

ベストシーズンは？

椿観賞のベストシーズンは2月下旬から3月中旬。美しく咲く椿が見たいならこの時期に。島をあげて椿まつりが開催され、にぎわう。

▶ 13:30　車で約10分 🚗 ➡ **14:00**　車で約14分 🚗 ➡ **15:30**

3 サザンカが咲き誇る 並木道を散歩

白やピンクの花を咲かすサザンカを観賞。あじさいレインボーラインと三原山登山道路の交差点へと続く並木道だ。→ P.53

色鮮やかに咲くサザンカの道を通り抜ける

4 富士山・椿・青空の コラボレーションに感動

約400品種、2000本以上の椿が見られる「椿花ガーデン」へ。3000坪ある広大な芝生からの絶景にうっとり。→ P.52

庭からは海に浮かぶように富士山が

5 椿園と椿資料館巡り 椿について理解を深める

「都立大島公園」の椿園でヤブツバキ5000本と、園芸品種1000種を観賞。その後、椿資料館で椿のお勉強。→ P.51

貴重な資料が多数展示されている

▶ 15:00　車で約10分 🚗 ➡ **18:00**　徒歩約5分 🚶 ➡ **21:00**

8 自然な甘さの 椿花ジャムアイスで休憩

農産物直売所「ぶらっとハウス」へ。島の牛乳と島素材で作るジェラートは自然な甘さ。疲れが吹き飛びそう。→ P.64

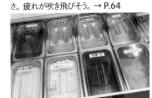
椿や明日葉など島ならではの味が楽しめる

9 つばき寿司で 島名物べっこう寿司を

ディナーには、島自慢の旬の魚を島トウガラシ醤油に漬け込んだべっこう寿司を。ピリッとした辛味は癖になる味わい。→ P.77

ネタが大きく食べ応えがある

10 1日の終わりは 椿色のカクテルで乾杯

夜は「Bar Futaba」へ。椿や三原山をイメージした、ここでしか味わえないオリジナルカクテルをオーダーしてみて。→ P.78

オリジナルカクテルは色合いがきれい

▶ 12:00　車で約4分 🚗 ➡ **13:30**　徒歩約1分 🚶 ➡ **14:00**

13 旅の最後のランチは 島の海鮮で決まり！

島の青トウガラシに漬けこんだ刺身や煮魚、サラダなどがセットになったざこ定食で満腹。「雑魚や 紀洋丸」→ P.76

新鮮な地魚は島ならでは

14 大島観光協会で あんこさん体験

あんこさんになってみよう！ 観光協会のスタッフが着付けをしてくれるので安心。椿が描かれた壁の前で写真撮影。→ P.125

昭和初期まで実際に見られたスタイルだ

15 元町で自分みやげに 椿油を探す

椿油にはスキンケア用と食用があり、特徴もブランドによってさまざま。お気に入りの椿油を探してみよう。→ P.54

椿油配合のハンドクリームや石鹸も

週末旅でも行ける！

バスで満喫大島ツアー

1泊2日

大島の観光スポットを回りたいならバス旅がおすすめ。風情ある港町の探索やトレッキングまで、自然も文化も存分に堪能できる。

1日目

島の半分を1日で網羅！自然美を存分に味わう

総距離 56km

1 10:30 元町港を出発
2 10:44 地層大切断面は車窓から
3 11:00 波浮港を散策
4 11:15 おやつにコロッケ
5 12:30 岡田港でランチ
6 13:40 パワースポットを通る
7 14:20 動物に触れ合う
8 16:00 夕日を見ながら温泉
9 18:30 海鮮バーベキューディナー

おいしそうだにゃ〜 コロッケ

2日目

火山の息吹と島の文化にふれる

総距離 20km

10 8:00 カフェで朝食
11 10:30 バスで三原山へ
12 11:15 三原山トレッキング
13 14:00 遅めのランチ
14 14:30 自分みやげ探し
15 15:00 出航までカフェへ

三原山でゴジラをみつけよう！

1日目

10:30 バスで約15分 → **10:44** バスで約15分

1 到着した港からバスに乗車！

船が到着した港からバスが出発！元町港からはバスで15分。飲み物の準備や、お手洗いに行くことを忘れずに。→ P.36

出帆港によりダイヤが変わるため注意

2 長さ600メートルの地層断面を車窓から眺める

約2万年の間に積み重なった約100層ほどの地層。その見た目から「バームクーヘン」と呼ばれる。→ P.75

近くにはバームクーヘン型のバス停がある

13:40 バスで約4分 → **14:20** バスで約30分

6 2本の巨木が空へと伸びる神秘的スポット

大島一周道路の脇道に突如現れるパワースポット「泉津の切り通し」。苔に覆われた石壁と力強い木々に圧倒される。→ P.85

木漏れ日が美しいスポット

7 昭和10年開園の歴史ある動物園へ

火山の地形を生かした「東京都立大島公園」の動物園へ。レッサーパンダやフタコブラクダなどがのんびり暮らす様子に和む。→ P.51

入園無料だがかなり楽しめる

10:30 バスで25分 → **11:15** バスで約25分

11 バスに乗って出帆港、そして三原山頂口へ

山頂行きのバスは出帆港から出るため、出発時刻までに港に移動。そこから三原山頂口に向かう。→ P.37

バスのダイヤは季節で変わる

12 巨大な火口を見に三原山トレッキング

三原山の頂上にある、水蒸気が上がる直径350mの火口。お鉢周りをすれば地球の成り立ちを学ぶことができる。→ P.38

溶岩の塊がゴロゴロと転がる

伊豆大島には、岡田港と元町港のふたつの港があり、その日の天候によってどちらかに到着する。

プランニングのコツ

バス旅は2日乗車券が便利

大島バスでは2日間使えるデジタルフリーパスがスマートフォンで購入できる。大人3100円で2日間バス乗り放題はお得だ。時期によって時刻が変わるため時刻表を事前に確認しよう。

11:00 → 徒歩で約2分 → **11:15** → バスで約50分 → **12:30** → バスで約7分 →

3 著名な文人も訪れた 昭和の風情香る港町を探索

江戸末期から栄えた波浮港をそぞろ歩き。100年以上前の家屋もあり、ノスタルジックな雰囲気の港だ。→ P.55

200年以上の歴史が感じられる

4 できたてのコロッケ片手に 海を見ながら一息

波浮港の「鵜飼商店」へ。揚げたてサクサクのコロッケやメンチカツを、海を見ながらぱくり。→ P.92

防波堤で食べるコロッケは美味!

5 元町港で乗り換え岡田港へ。ランチをテイクアウト

岡田港内待合所の「海のキッチン」でランチを調達。構内にはテーブルがあるので食べることもできる。→ P.87

イタリア風べっこう丼が人気

16:00 → 徒歩で約6分 → **18:30** → → **2日目** **8:00** → 出帆港へ →

8 海の目の前にある温泉で 旅の疲れを癒やす

「浜の湯」は伊豆半島や、時に富士山まで望める絶景温泉。サンセットのあとは星空観賞も。混浴なので水着着用のこと。→ P.72

島人にも愛される癒やしスポット

9 ディナーは宿で 海鮮バーベキューを満喫

島の宿にはバーベキュー設備を用意しているところも。事前に「海市場」でサザエやイセエビ、地魚を購入し楽しもう!→ P.79

島の新鮮な魚介は格別

10 朝食はカフェで。港を眺めながらコーヒーを1杯

朝の6時から営業している「MOMOMOMO」でトーストのモーニングセットを。三原山と海を一望できる最高のロケーションだ。→ P.69

島人に人気のローカルカフェ

14:00 → 徒歩で約2分 → **14:30** → 徒歩で約1分 → **15:00** →

13 遅めのランチは 出帆港近辺で

ランチタイムを逃すと、開いているお店が少ない。岡田港なら「STARFISH AND COFFEE」が16時まで営業している。→ P.71

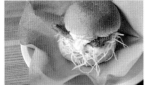
ハンバーガーと日替わりランチが食べられる

14 島のクリエイターが作る 雑貨は自分へのご褒美

島で作られた雑貨も取り扱う「kakukaku画廊」。島クリエイターのアクセサリーや流木作品など、魅力的な雑貨がたくさん。→ P.68

カフェ「chigoohagoo」の隣にある

15 島のフルーツで作った 自家製ジャムをおみやげに

岡田港の目の前にある「フルーツファクトリー大屋」。ジャムを販売するほか、カフェスペースがあり出帆前にここでひと息。→ P.87

島で取れたフルーツジャムがおすすめ

2 島のいいとこ取り！

利島・大島周遊プラン

2泊3日

大島の南約 25km に浮かぶ利島は人口 300 人余りの
島風情あふれる小さな島だ。利島と大島を巡るベストプランはこちら！

1日目 海も山も網羅する 利島のアクティビティを楽しむ

総距離 13km

- ❶ 7:40 イルカと泳ぐ
- ❷ 13:00 宮塚山ハイキング
- ❸ 13:30 山頂から絶景を望む
- ❹ 18:00 島の味覚に舌鼓
- ❺ 21:00 満天の星を観察

海から山まで 遊び尽くそう！

2日目 利島から大島へ 見どころを巡る

総距離 57km

- ❻ 9:00 集落内の神社を巡る
- ❼ 10:00 おみやげ探し
- ❽ 12:00 ヘリコプターで大島へ
- ❾ 13:00 自然派ランチを頂く
- ❿ 14:30 泉津地区を散策
- ⓫ 18:00 夕食は島の居酒屋で

島の地魚は 身がぶりぶり！

3日目 山の自然と 波浮港の文化を嗜む

総距離 37km

- ⓬ 10:30 大島桜の株を愛でる
- ⓭ 11:00 三原山と一緒にハイチーズ
- ⓮ 12:00 真っ黒な砂漠を探索
- ⓯ 15:00 名物たい焼きを堪能！

たい焼きで 腹ごしらえ

1日目 7:40
車で約30分 ➡ 13:00
徒歩で30分

1 大型客船で早朝利島到着。 朝イチでドルフィンスイム

予約したドルフィンスイムのツアー会社の送迎車に乗って海へ。水着に着替えて乗船。イルカを見つけたらいざ、海へ！→ P.95

ドルフィンスイムのシーズンは 3〜11月

2 標高 508m の宮塚山へ のんびりハイキング

ピラミッド型の標高 508m の宮塚山でハイキング。スダジイの巨木やヤブツバキなど、小さい山ながらさまざまな植物が茂る。→ P.96

山を歩いていると巨木を発見！

2日目 9:00
徒歩約5分 ➡ 10:00
車で約6分

6 島を散策して 利島最古の神社でお参り

1760年建造の社殿をもつ「阿豆佐和気命神社」。玉石の石垣が風情満点。宮司がいたら御朱印を書いていただこう。→ P.98

社殿は国登録有形文化財だ

7 利島オリジナルの おみやげが勢揃い

「利島のおみやげ屋さん モリヤマ」ではここでしか手に入らないおみやげがずらり。ジェラートを食べてひと休みしよう。→ P.98

利島ならではのおみやげが見つかる

18:00

11 伊豆大島の焼酎と 郷土料理を島の居酒屋で味わう

島の人御用達の居酒屋「島」。明日葉青とう風味チャーハンや地魚のバター焼きなどのオリジナルメニューが好評。→ P.66

カウンターには常連が。島人の話を聞けるかも

3日目 10:30
車で約13分

12 ソメイヨシノの母種、 樹齢約 800 年の大島桜を見る

国の特別天然記念物「サクラ株」。噴火を繰り返す島で奇跡的に 800 年も生き延びた大木だ。春には今も花を咲かせる。→ P.85

3月下旬〜 4月に花を咲かす

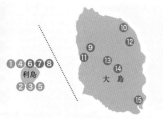

プランニングのコツ
島々を結ぶふたつの交通手段を把握

港が小さな利島は船の欠航が多いことで有名だ。ヘリコプターのほうが若干就航率はよいが、わずか9席。乗りたい便は満席ということも。たどり着くには運も必要。それもまた島旅の魅力だ。

13:30　　　　車で約6分 🚗 ➡ **18:00**　　　　車で約5分 🚗 ➡ **21:00**

3 山頂に到着 眼下の水平線を見下ろす

展望台から見る大パノラマ。晴れている日は遠くに富士山の絶景。登山者が少ないので、この風景をひとり占めできる。→ P.96

展望台から伊豆大島を見渡せることも

4 利島の民宿で 取れたて海鮮の夕食

夕食は民宿で。利島で取れた新鮮な海鮮を満喫。民宿では、宿の人に島にまつわるさまざまな話を聞くのが楽しい。→ P.99

利島産の海産物を食べたいなら予約を

5 夜空は天然のプラネタリウム 無数の星に感激

夜は南ヶ山園地で星空観察。空気が澄んでいて光害が少ないため、空一面に星！夜空にかかる天の川も見られるかも！→ P.94

ライトは必ず持参しよう

12:00　ヘリコプターで約10分 🚁 ➡ **13:00**　　　　車で約20分 🚗 ➡ **14:30**　　　　車で約18分 🚗

8 ヘリコプターで大島へ 空から島を眺める

利島から大島へ、ヘリコプターで約10分間の空の旅。空から見る島の姿に感動！船で向かうならジェット船で約30分だ。

ヘリコプターは定員9名

9 無農薬の食材にこだわる カレー屋さんでランチ

「カレーハウス木里吉里」で、島の新鮮な野菜をたっぷり使ったカレーでランチ。スイーツも美味。→ P.76

店は完全予約制だ

10 苔に覆われた道が 神秘的な泉津を散策

精霊が住んでいるかのような「波治加麻神社」。均等に並ぶ杉の木に導かれ、本堂へ。森の中にある本堂が神秘的だ。→ P.85

苔を照らす木漏れ日もまた美しい

11:00　　　車で約33分 🚗 ➡ **12:00**　　　車で約26分 🚗 ➡ **15:00**

13 山頂口から 三原山を一望する

伊豆大島の最高峰である標高758mの三原山を正面に望む。山肌に見られる黒い筋は、冷えて固まった溶岩流だ。→ P.83

夏と冬で異なる山の風景が楽しめる

14 視界一面に広がる 真っ黒な砂漠

スコリアと呼ばれる火山砕屑物が360度に広がる黒い砂漠。火星のような幻想的な風景が見られる。霧の発生が多いので注意。→ P.41

駐車場から徒歩10分ほどで到着する

15 波浮港のたい焼き屋で 小腹を満たす♪

波浮港の「島京梵天」で、自慢のたい焼きを。モチモチの皮で作る明日葉たい焼きなど変わり種もチェック！→ P.69

ハムチーズマヨなどのおかずたい焼きが人気

伊豆大島
島人インタビュー 2
Islanders' Interview

辛い時に助けてくれた島の人々に
恩返しをしたいと思って
養豚を思いついたんです

噛むごとにうま
味が口の中に
広がる。ぜひ
ご賞味あれ！

かめりあファーム　小坂 晃一さん
（こさか　こういち）

きれいな空気と緑豊
かな環境のなか、完
全放牧で育つストレ
スフリーな黒豚たち

波瀾の人生に導かれ
養豚業を思いつく

　三原山付近の秘密基地のような場所。生い茂る草木のトンネルをくぐり抜けたその先で、かめりあ黒豚が穏やかに過ごしていた。

　その豚たちを優しく見つめるのは、伊豆大島で生まれ育った小坂晃一さん。水産高校卒業後、バイクで日本一周するため、遠洋漁業に4年間従事。晴れて資金が貯まり、船を降りた小坂さんだったが、旅を始めて3日目に事故に遭った。

　「1ヵ月くらい記憶障害になりました。徐々に記憶力が保てるようになり家業の大工を手伝っていましたが、今度は実家が火事で全焼。途方にくれるなか、父親の大工仲間や島の人が300㎡くらいの土地を1日で更地にしてくれ、1週間後には建物の基礎もできました」

　島でなかったらこんなに早く生活が戻ることはなかったと感じた小坂さんは島に恩返しをしたいと思い、考えついたのが養豚だった。

　「島の人はバーベキューが好きなのに、島には畜産がないんです。そこでここでおいしい豚肉を育て、島の人に届けたいと思ったんです」

構想・準備に約10年
念願の養豚をスタート

　「まずは、農業に携わる友人に計画書を見てもらうところから始めました。最初は無理だと言われましたが、何度も何度も計画を練り直しました」

　継続するには利益が出なくてはならない。26歳で養豚業を志し、養豚修業と理想の品種を探すために全国を回り始めたのは31歳のとき。それから約3年間、各地で経験を積み、最後の研修先となった長野県でブリティッシュバークシャーという黒豚の原産国であるイギリスの純血種黒豚に出合う。そのとき、小坂さんは味・質ともにこの品種だと確信したという。入荷

の交渉から島内で豚舎の土地探し……。すべて整ったときには実に10年の月日がたっていたが、初志貫徹したのだから恐れ入る。

かめりあ黒豚を
島内、そして日本中へ

　自己資金とクラウドファンディングで集めた資金を合わせ、2021年に島で養豚を始めた小坂さん。豚の飼料として優れているどんぐりに成分が近い椿の実の搾りかすを餌に配合しているのは島ならでは。椿の実は椿油になるが、搾りかすは捨てるため、餌にすれば廃棄物の削減にもつながる。

　「かめりあ黒豚の知名度はまだまだですが、味は控えめに言っても抜群においしいと自負しています。島内はもちろん、島外の皆さんにも知ってほしいですね」

　波瀾万丈の人生を経て、故郷に新たな産業をもたらした小坂さん。かめりあ黒豚が全国の市場で見られる日が待ち遠しい。

さて、島にきて何をしましょうか？

伊豆大島・利島の遊び方

How to Enjoy

伊豆大島・利島の遊び方はバリエーション豊か。

真っ黒なビーチで遊んだり、椿の花咲く酒蔵を訪ねたり、

ここにしかないワクワク体験を求めて出かけよう！

火山が作りあげた迫力の大地

伊豆大島・利島を彩る
絶景スポット10

たび重なる火山活動で作り上げられた
独特の景観をもつ伊豆大島と利島。
四季折々の多彩な表情を見に行こう。

伊豆大島

⑩

⑨ 利島

❶ 三原山
MAP P.82B3
伊豆大島のシンボル、三原山は1777年から始まった噴火で誕生した。頂上部には直径約350mの荒々しい火口が存在する。→P.83

❺ 浜の湯
MAP 折り込み① B1
海に面した公共の露天風呂。外輪山をバックに、正面には海と伊豆半島を望む。空と海を染めるサンセットタイムが美しい。→P.72

❷ 裏砂漠
MAP P.82C3
三原山の東側に広がる漆黒の大地。草木のない荒涼とした景観は、まるで月面のようだ。→P.83

❸ 赤禿
あかっぱげ
MAP 折り込み③ A2
火山から噴出したスコリア丘の内部が見られる珍しい場所。溶岩に含まれた鉄分が酸化し赤く見える。→P.75

❹ 筆島
MAP P.90C1
波浮港の北の湾に浮かぶ高さ30mの岩の島。数十万年前まで活動した古火山の岩石が浸食で取り残されたもの。→P.91

❻椿花ガーデン

MAP 折り込み③ B2

広々とした芝生の庭に、美しい椿が咲き誇る。海に浮かぶ富士山の眺めも見事。国際優秀つばき園に認定されている。→P.52

❼地層大切断面

MAP P.36

大島一周道路沿いに現れる、巨大な縞模様。幾重にも連なる地層の見た目から、バームクーヘンという愛称で呼ばれている。→ P.75

❽サンセットパームライン

MAP 折り込み③ A1

元町から北部の野田浜に延びるパノラマサイクリングロード。夕日を眺めながら走り抜けよう。→ P.42

❾宮塚山

MAP P.94

利島の中央にそびえる美しい円錐形の山。標高 508m で、気軽に登頂することができる。→ P.96

❿野生のイルカ

MAP P.95

利島周辺には野生のイルカがすみ着いている。3 〜 11 月の間は、スノーケリングでイルカと泳げる。→ P.95

島全体が活火山の
ビッグアイランド

伊豆大島NAVI

周囲およそ52kmの伊豆大島。
中央にそびえる758mの三原山を中心に、
火山島ならではの荒々しい景観が点在する。

東京・竹芝

熱海

伊豆大島

島で〜た

人 口	7170人	(2021年)
面 積	90.76km²	
周 囲	52km	
最高地点	758m	(三原新山)

東京大島
かめりあ空港

調布飛行場を結ぶ
飛行機、利島を結
ぶヘリコプターが
就航。

Map③ 大島空港周辺

東京大島かめりあ空港

岡

208

207

207

208

元町

Map① 元町中心部

元町港

もとまち
元町

飲食店、商店、ホテルなどが
密集する島一番の繁華街。メ
インとなる元町港がある。 **P.74**

赤禿
溶岩に含まれる鉄分が酸化
し赤く見える丘。夕日の観
賞スポットでもある。

208

野増

Map⑥ 野増広域

地層大切断面
P.35、75

◉ 観る・遊ぶ

砂の浜
P.60

N

0　　　　1km

約2万年分の
大地の記憶

注目スポット

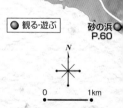

地層大切断面

高さ約24m、長さ630
mに及ぶ巨大な地層。そ
の見た目からバームクー
ヘンと呼ばれる。

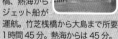
大島への行き方・詳しくはP.122

ジェット船

東京の竹芝桟
橋、熱海から
ジェット船が
運航。竹芝桟橋
から大島まで所要
1時間45分。熱海からは45分。

大型客船
竹芝桟橋か
ら大島まで約
6時間。夜
竹芝桟橋を出港し、
早朝大島に到
着する。

飛行機
調布飛行
場から大
島空港ま
で小型プロペラ機の飛行機が
運航。1日2便。所要25分。

島内交通
大島バスが
走っており、
主要な見ど
ころに行くことはできるが、
本数は少ない。

P.84

岡田

<ruby>岡田<rt>おかた</rt></ruby>

元町港と並び船が発着する岡田港がある。

椿花ガーデン

パターゴルフやうさぎふれ合いスポットを併設する椿園。

都立大島公園

東京ドームの1.5倍の土地に椿園や椿資料館、動物園などが並ぶ。

Map② 岡田港中心部

Map⑤ 泉津中心部

泉津

都立大島公園

207　•三原山温泉

大島

大島町

206

•裏砂漠

▲三原山

●赤ダレ P.40、83

海のふるさと村
P.65

火口をぐるりと一周してみよう

三原山

幾度となき噴火を繰り返してきた活火山。今も水蒸気を上げる姿が見られる。

差木地

波浮港

<ruby>波浮港<rt>はぶみなと</rt></ruby>

かつて交易の中継地点として大いににぎわった波浮港。ノスタルジックな町並みが残る。

Map④ 波浮港中心部

波浮港

208

P.90

気になる

ベーシック インフォメーション Q&A

Q どんな宿がある?

A ホテルから貸切宿までさまざま

大島には温泉を併設したホテルや民宿、自炊設備を完備した一棟貸切の宿、ゲストハウスなどさまざまな宿がある。7～8月や椿まつり開催中は特に混み合うので早めの予約を心がけよう。

Q どんな料理が食べられる?

A 新鮮な魚介が中心

伊豆大島の名物といえば、青トウガラシ入りの醤油ベースのたれに漬けた魚をのせたべっこう寿司やべっこう丼。そのほか、近海の魚介を使った料理は外せない。明日葉は天ぷらだけでなくピザやパスタにアレンジしたメニューも。大島牛乳を使ったスイーツもチェック。

Q 温泉はどこで入れる?

A ホテルや日帰り温泉で

温泉を併設したホテルはもちろん、島には日帰り温泉がいくつかある。

地球の息吹を感じながら 爽快なトレイルを歩こう

三原山トレッキング 3時間コース

真っ黒な溶岩が一面に広がる荒涼とした大地を歩き、山頂にある巨大な火口を眺めよう。噴火を繰り返した地球が、森を作り上げる姿は迫力満点だ。

活火山が作り出す 荒々しくも優美な自然を体験

伊豆大島のシンボル、三原山。江戸時代に誕生して以来、およそ40年ごとに山頂火口から噴火を繰り返し、今なお噴煙を上げる活火山だ。この大地の迫力を体感するには、自分の足で歩いてみるのが一番だ。

三原山周辺には「山頂遊歩道」「お

鉢巡り」「温泉ホテルコース」「テキサスコース」「裏砂漠コース」の5つのトレッキングルートが整備されているが、今回紹介するのは「山頂遊歩道」「お鉢巡り」「温泉ホテルコース」を歩くおよそ3時間のルート。このコースでは、噴火の生々しい爪痕が残る荒涼とした溶岩地帯から、草木が芽吹き森となるまでの、大地の再生の変遷を観察することができる。

まずは三原山頂口からスタート。展望台までの道は整備されている。展望台から間近に見える巨大な火口は引き込まれそうな迫力。火口を見ながらお鉢巡りをしたあとは、温泉ホテルコースに入り、大島温泉ホテルを目指す。三原山のハイライトをあますところなく巡るコースだ。

展望広場から眺める三原山も美しい。人が少ない穴場だ

MAP P.82
元町港から車で約25分 三原山頂口からすぐ 駐車場 あり

もっと知りたい！

登山を始める前に 三原神社でお参りを

三原山頂口の駐車場にあるバス停の横に、展望広場入口と書かれた看板が立っている。階段を登ると三原山を望む展望広場、そして三原神社の下社に行くことができる。どちらに行くにも歩いて2分ほどなので、ぜひ訪れてみて。展望広場は訪れる人が少ないため、落ち着いて景色が楽しめる、穴場的スポット。山に登る前に神社で安全を祈願しよう。

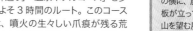

創建年は不明だが、300年以上前からあることが資料に残っている

voice 三原山は標高758m。登山道が整備されているので比較的歩きやすいが、砂利道などもあるため歩きやすい靴や服装で臨もう。火山活動状況は気象庁のホームページで確認できる。URL www.jma.go.jp/jp/volcano/map_4.html

スケジュール

所要時間	歩行距離	体力レベル
約3時間	約8.2km	👣👣👣

9:00
三原山頂口から登山スタート！

登山前にここでトイレを済ませておこう。休憩舎では無料でヘルメットを貸し出ししている。

休憩舎では、土・日曜、祝日に伊豆大島ジオパーク展を開催（入場無料）

徒歩5分

9:15
目指すは目の前にそびえ立つ三原山！

外輪山展望台で、まずは記念写真。撮影が済んだら早速スタート！

夏は深緑に包まれる三原山。荒涼とした冬景色も美しい

徒歩10分

9:30
溶岩でできた大地の上に立ってみよう

1986年の噴火の際に三原山頂火口からあふれ出た溶岩流の先端部。登ってみると見渡す限り、一面漆黒の大地だ。

山腹の黒い筋は溶岩が流れた跡

10:00
溶岩流から逃れた奇跡の神社・三原神社

三原山頂火口の噴火で流れ出た溶岩流は三原神社の神殿を避け、山腹を通り海へ向かったという。

天気がよければ鳥居越しに富士山を望むことができる

固まった溶岩がゴジラみたい！

徒歩25分

徒歩30分

10:30
直径350mの火口を見下ろそう！

火口が見渡せるポイントへ。深さ200mの火口からは今もなお、噴気が上がっている。

すごい迫力！

1986年の噴火ではマグマがこの火口からあふれ出した

徒歩すぐ

10:35
真っ黒な砂漠が果てしなく続く裏砂漠

お鉢巡りをすると、右手に見えてくる広大な大地が裏砂漠。左手には展望場から見た火口をより間近に望むことができる。

見えるのはただただ、空と砂漠のみ

徒歩40分

砂利道は少し滑りやすいので、しっかりと踏みしめて歩こう

11:20
荒々しい岩が並ぶジオ・ロックガーデン

温泉ホテルコースに入ると景色が一変。冷え固まったマグマでできた岩がゴロゴロと転がる荒涼とした光景に圧倒される。さらに先に進むと「再生の一本道」へと続く。

植物が芽吹き、草原となり、やがて森となる生命のドラマを体感！

生命感に満ちあふれた印象的な光景

あじさいレインボーライン
●都立大島公園

GOAL 三原山温泉 大島温泉ホテル

再生の一本道

三原神社の下社

温泉ホテルコース

ジオ・ロックガーデン

三原山頂口

テキサスコース

海のふるさと村

START

外輪山

溶岩地帯

三原山

裏砂漠

三原神社

火口西展望所

裏砂漠コース

表砂漠

表砂漠コース

月と砂漠ライン

N

＜イメージ図＞

三原山は「御神火（ごじんか）」と呼ばれ、島民に親しまれている。古くから火山を神聖なものと扱い、噴き上がるマグマや赤く染まった空を御神火と呼んでいた。今では三原山自体がそのように呼ばれている。

変わった形の岩がゴロゴロ

スケジュール

所要時間	歩行距離	体力レベル
約1時間	約3.5km	👣👣👣

幻の池が出現する
近年注目の新・絶景コース

三原山トレッキング 表砂漠・赤ダレコース

山頂口から表砂漠を経由して、表砂漠と裏砂漠を結ぶトレッキングルート沿いにある赤ダレを目指す、オリジナルルート。

三原山の魅力を再発見する、隠れた絶景ルート

　山頂口から外輪山の内側に沿うように延びる表砂漠コース。砂地やゴツゴツとした溶岩と木々が共存する独特な景観をなした一帯を抜け、そのまま裏砂漠方面へと向かうと赤ダレと呼ばれる真っ赤な渓谷が姿を現す。天気がよければ雄大な谷の背景に伊豆諸島も望める、隠れた絶景スポットだ。

　また道中には雨後にだけ姿を現す幻の池も。運よく風がなげば水面にきれいに反射した「逆さ三原山」を拝むことができる。

🚌 元町港から車で約25分（三原山頂口駐車場まで）
🅿 あり

11:00 **三原山頂口からスタート**

徒歩約10分

前半は表砂漠コースを利用する。三原山頂口から舗装された山頂遊歩道を進み、展望所から少し下った所の分岐点を右に入り未舗装路へ。

分岐点にある案内看板を目指そう

11:10 **表砂漠コースを進む**

徒歩約20分

カルデラの西に広がる表砂漠。かつては裏砂漠同様に草木のない完全な砂漠だったが、現在は緑化が進んでいる。平坦な道のりで歩きやすい。

砂漠の道中には植物も多く茂る

11:30 **大きな池を発見！**

徒歩約25分

なだらかな坂道を下ると視界が開け、粘土質の土地にたどり着く。降雨後にはここに大きな池が現れる。出会えた人はラッキーだ。

降雨後にしか現れないレア風景

11:55 **表砂漠を外れ裏砂漠方面へ**

徒歩約5分

内輪山へと続いていく表砂漠コースと別れ、山頂を左手に見ながら外輪山沿いに歩を進めて裏砂漠方面へ。目印が少ないので迷わないように。

この杭が見えたらもう少し

12:00 **赤ダレに到着**

道を外れ、山頂を背にして外輪山の縁に少し進むと、赤い地層がむき出しになった赤ダレが現れる。午前中から昼頃に到着するのがベスト。

ご褒美のような絶景をひとり占め

---

voice 赤ダレまでのコースは比較的なだらかで歩きやすいが、表砂漠コースを外れてからのルートはわかりづらく、また赤ダレの展望スポットには柵や手すりもないため危険がともなう。地元ガイドに案内してもらうのが賢明だ。

真っ黒な
砂漠の正体は!?

まるで月面！
見渡す限りの漆黒の大地を歩く

裏砂漠トレッキング
月と砂漠ライン

日本で唯一「砂漠」と表記される裏砂漠。黒い砂が覆い尽くし、この世のものとは思えぬ荒涼とした世界が広がる。

たび重なる噴火が作り上げた、独特の景観を歩く

　日本で唯一、国土地理院が発行する地図に「砂漠」として表記されている裏砂漠。漆黒の大地を作り上げる黒い砂の正体は、スコリアと呼ばれる火山噴出物の一種。このあたりは強風が吹き抜けるため植物が根付きにくく、荒涼とした景観はまさに異世界。たび重なる噴火が作り上げた大地を踏みしめながら、トレッキングを楽しもう。第一展望台から砂漠やカルデラを見渡したら、第二展望台へ。石が無造作に転がり荒々しい風景を作り上げ、まるで別の惑星にいるかのよう。外輪山の開放的な景色を見渡せる。

MAP P.82C3　大島公園から駐車場まで車約25分　駐車場あり

スケジュール

所要時間 約2時間	歩行距離 約4.2km	体力レベル

13:00 月と砂漠ラインの看板を発見！

車で約10分

大島一周道路沿いに「月と砂漠ライン」の看板がある。看板を目印に山のほうに曲がりさらに進む。大島一周道路から駐車場までは約3km。

看板を見落とさないように！

13:20 駐車場に到着！ 徒歩で裏砂漠へ

徒歩約10分

駐車場に車を停め、「月と砂漠ライン入口」の看板のほうへ。鎖がかけられているが、そのまま奥に進んで大丈夫。10分ほどで第一展望台に到着する。

歩きやすい靴で行こう

13:35 目の前に真っ黒な世界が広がる

徒歩約3分

視界が開け、海、空、そして砂漠が目の前に現れる。晴れていると空と海の境界線がなくなるような青さ。強風のことも多いので注意しよう。

圧倒的な風景

13:45 見晴らしのよい第一展望台へ

徒歩約10分

第一展望台に到着したら記念撮影。さらに三原山方向に進めばクレーターのようなカルデラが出現する。ここから眺める日の出は格別だ。

荒涼とした砂漠の壮大な風景

14:10 終着点、第二展望台で記念撮影

第一展望台からさらに進むと、櫛形山山頂にある第二展望台に到着する。ここが裏砂漠の頂上だ。荒々しい風景を堪能したら、来た道を慎重に引き返そう。

強風に気をつけて

レンタサイクルで
ショートトリップ！

海に沈む夕日を眺めながら
コーストラインの爽快サイクリング

サンセットパームライン・サイクリング

真っ青な海と伊豆半島、そして夕日。
片道5kmの美景が続く道を、自転車に乗って巡ろう！

さわやかな風を切りながら
島の美景を体で感じる

元町港から北に延びる海岸線はサンセットパームラインと呼ばれ、その名のとおり海に沈む夕日を楽しめるサイクリングコースとなっている。

スタートは元町にある「みよし土産品店」。ここで自転車を借りて、海沿いのサイクリングコースへ。5分もたたないうちに、大海原が視界に飛び込んでくる。水平線の向こうには、は

るか遠くに雄大な富士山が姿を現すこともある。

島の北端の野田浜にある鐘はバディーズベルと呼ばれ、ダイバーの不慮の事故を悼んで立てられたものだそうだ。鐘を鳴らして友情の大切さを再確認しよう。ここで折り返し、元町へ向かって南下。少し道を外れて「ぷらっとハウス」へ立ち寄ろう。大島牛乳と島の素材で作ったアイスクリームでひと休み。夕日が落ちる前に、鮮やかな赤色に染まる丘、赤禿へ。ここから望むサンセットは格別だ。海に雲にと反射する太陽の光は1日として同じものはない。感動的な光景で1日を締めくくろう。

伊豆大島随一のサンセットスポット 赤禿（あかっぱげ）

もっと知りたい！

各所に
サイクルラックが設置

ぷらっとハウスや元町浜の湯などにはサイクルラックが設置されている。自立式スタンドが付いていない持ち込み自転車でも駐輪できる。サイクリストに優しい島だ。

自転車用工具セットを用意している施設もある。

みよし土産品店
🗺 MAP 折り込み① C2　🚃 元町港から徒歩すぐ　🏠 大島町元町 1-16-1
📞 (080)2038-7653　🕐 6:30～18:00（季節により変更あり）
💰 当日返却 2000円、24時間 3000円　予約 繁忙期のみ必要　休 なし
URL https://miyoshi-miyage.com/

voice 島内のさまざまな店で見かける「東京 島じまん食材使用店」というボード。これは、島の食材を取り扱っている店という証で、ぷらっとハウスも認定された店のひとつだ。港や観光協会では取扱店が掲載されたガイドブックを無料で配っているのでチェックしてみて。

スケジュール

所要時間	走行距離	体力レベル
約2時間	約14km	

籠付きのマウンテンバイクもある

14:30

自転車を借りてスタート

元町港近くには、レンタサイクル店がいくつかある。自転車を借りて元町港を出発！ 飲料水やタオルは用意しておこう。

自転車で10分

平坦な道なので初心者でも安心

14:45

海を横目にサンセットパームラインを走る！

サンセットパームラインに入るとすぐに、水平線と伊豆半島が左手に広がる。右手にそびえ立つのは三原山。雄大な自然の景観を満喫しながら進もう。

自転車で15分

15:20

バディーズベルを鳴らして友情を誓う

サンセットパームラインのゴール、野田浜にあるバディーズベルは友情の証。ベルを鳴らしながら、熱い友情を誓おう。

丘を登ると視界が開け絶景が広がる

自転車で10分

15:00

約3400年前に生まれた赤い丘、赤禿に到着

赤禿に到着するとまず目に入るのが赤いスコリアの丘。赤い理由は溶岩の粒が降り積もって空気中で酸化したから。

赤い丘を通り抜けると180度海が見渡せるスポットがある

自転車で5分

ベルの先に富士山が見える！

疲れが吹き飛ぶ♪

15:30

ぶらっとハウスでひと休み

農産物直売所のぶらっとハウスでは島で取れた食材を使用したアイスクリームが約10種類ほど用意されている。休憩がてらに島の味を堪能しよう。

売店には島の新鮮な野菜が並ぶ

● アクティビティMAP

野田浜バディーズベル
サンセットパームライン
ぶらっとハウス
大島空港
GOAL
赤禿
CYCLE PARKING
都立大島高校
大島一周道路
元町 浜の湯
みよし土産品店
元町港
START
N
〈イメージ図〉

自転車で15分

16:20

ラストは見事なサンセットに感動！

サンセットパームラインに戻り、再び赤禿へ。ここから眺める海に沈む夕日は圧巻。夕日の時間は事前に調べておこう。

これぞ自然の芸術！

店に自転車を戻したあとは、温泉（→P.72）で汗を流そう

緑を抜けると絶景が
一気に広がる

眼下に海と町の風景を楽しみながら
御神火スカイラインを駆け抜ける

三原山ダウンヒルサイクリング

三原山頂口から元町まで、下るだけの楽ちんサイクリング。

風を切りながら走る爽快感！

ダウンヒルとは山の急斜面を下る競技。伊豆大島では三原山頂口から元町まで、整備された道路を自転車で下る爽快なサイクリングが楽しめる。魅力は何といっても眼下に広がる町並みと海の開放的な景色。道ばたに咲く花々も楽しみだ。特に春のオオシマザクラの季節は沿道が白く染まり言葉にならない美しさ。勾配が大きいため、スピードの出し過ぎには気をつけよう。

もっと知りたい！

土砂災害を乗り越え復旧した道

御神火スカイラインは2013年10月に発生した大規模な土砂災害により通行不能となっていたが2016年に復旧。道中に大島町メモリアル公園もある。島民の憩いの場となるだろう。

●サイクリングMAP

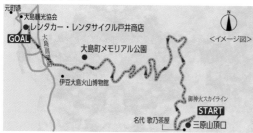

元町港
●大島観光協会
●レンタカー・レンタサイクル戸井商店
GOAL 大島循環道路
大島町メモリアル公園
伊豆大島火山博物館
御神火スカイライン
名代 歌乃茶屋
START
三原山頂口
＜イメージ図＞

レンタカー・レンタサイクル 戸井商店
MAP 折り込み①C3　交 三原山頂口から徒歩すぐ　☎070-2158-4093
時 応相談　料 当日返却 2300円〜　予約 必要　休 なし
URL https://rentalcycletoi.amebaownd.com

14:00 三原山頂口で自転車を借りる

事前に電話で予約しておけば、三原山頂口にある「名代 歌乃茶屋」で自転車を引き取ることができる。山の上からのスタートだから楽ちん！

サドルの調節は自分で行おう

14:10 ダウンヒルスタート！

自転車で5分

いざ出発。三原山頂口から御神火スカイラインに入るとすぐに坂道が始まる。スピードが出やすいので、ブレーキをかけながらゆっくりと進もう。

車が通る道なので安全運転で

14:15 目の前に広がる絶景に興奮！

自転車で20分

木々が茂る道を通り抜けると、パッと広がる海と空。晴れた日には海の向こうに伊豆半島も見渡せる。春はオオシマザクラが白く山を染め、そちらも見ものだ。

開放的で気持ちいい〜！

14:45 公園でちょっとひと息

自転車で15分

15分ほど坂を下ると、大島町メモリアル公園に到着。広々とした芝生の上でひと休みしよう。先ほど下ってきた山を眺めながら深呼吸。

公園からも町の景色を見渡せる

15:15 町なかにあるお店へ！

御神火スカイラインを下りきったら、元町方面へ向かおう。町なかに戸井商店のお店がある。ここで自転車を返却し、ダウンヒルの終了だ。

町なかの上り坂は意外にキツイ！

 梅雨時期ならば自生するガクアジサイを見てみよう。御神火スカイラインを走ると道の脇にポンポンと咲いている。西洋アジサイに比べシンプルなガクアジサイ。あじさいレインボーラインまで足を延ばせば、アジサイの群落が広が美しい景色を作り出している。

ステッカーを車に貼って
裏砂漠へGO！

砂漠でも
へっちゃら！

砂漠が
どこまでも続く

日本で唯一の砂漠に向かって
四駆で駆け抜ける！

4WDで砂漠をドライブ

普通車のレンタカーだと立ち入ることのできない裏砂漠。砂漠のでこぼこ道を4WDで駆け巡るスリリングな体験を！

砂上でも走りやすいレンタカーを借りて出発

トレッキング以外にも裏砂漠を楽しむ方法がある。それは、4WDでのドライブだ。ほとんどのレンタカーは砂上立ち入り禁止だが、JSオートレンタカーの砂上専用4WDなら裏砂漠の目の前まで行くことができる。大島一周道路にある「裏砂漠入口」という看板から砂漠へ入れば、そこは一面に黒砂が広がる裏砂漠。斜面を走らせる感覚はほかでは味わえない快感だ。4WDとはいえ、スタックしないよう慎重に。必ずふたり以上で訪れよう。

もっと知りたい！
裏砂漠で生きる植物 ハチジョウイタドリ

ゴツゴツとした溶岩台地でたくましく生き抜く植物の名はハチジョウイタドリ。伊豆諸島の固有種だ。栄養分の少ない大地でも育ち、噴火後に最初に生えてくる植物。この植物がまず大地に根付き、やがてほかの植物が育つ環境を整えてくれるのだ。

強風が吹きすさぶ裏砂漠で、たくましく生きる

ガタガタとした砂漠を走るのはスリル満点！しかし、4WDといえど車輪がはまりやすい場所があるのでわだちの上を走ろう

スケジュール

所要時間	レベル
約2時間	🚶🚶🚶

14:00 レンタカーを借りる

車で30分

事前にホームページから予約した4WDを取りに行こう。5人乗りのみで、12時間から予約可能だ。裏砂漠に入る際の注意事項を確認し、出発！

注意事項をしっかり確認

14:30 裏砂漠への入口は退避壕が目印

車で5分

大島一周道路を波浮港方面に南下すると左手に退避壕が見えてくるのでそこが入口。その右手に砂漠への道が山に向かって延びている。

突如現れるので見落とし注意

14:35 「裏砂漠入口」からいざ砂漠へ！

車で15分

「裏砂漠入口」という看板を確認したら、迷わず砂漠に入っていこう。でこぼこが多いため、スピードの出し過ぎは厳禁。スリップやスタックに注意して。

わだちの上を走ろう

14:50 看板が見えたらストップ！

徒歩5分

砂漠を突き進むと乗り入れ禁止の看板が見えてくる。看板より先は、特別保護地区のため、車両など乗り入れが禁止されている。ドライブはここまで。

山を登りたい人は徒歩で

14:55 360度の砂漠の絶景に感動！

あたり一面を覆う真っ黒な砂は、スコリアと呼ばれる火山岩によるもの。噴火により植物が焼き尽くされたことで火星のような荒涼とした景色になった。

神秘的な景色が望める

JSオートレンタカー　MAP 折り込み②B1　岡田港から徒歩約2分
大島町岡田5　(04992)7-5255　9:00～17:00　12時間6000円、24時間7000円（免責補償料込み）、通常の軽自動車もあり（裏砂漠は立ち入り禁止）
予約 必要　休 不定休　URL http://jsautorentacar.com

voice 裏砂漠は、多くのドラマやプロモーションビデオ、CMのロケ地となっている。インターネットで「裏砂漠　ロケ地」と検索すればまとめサイトなどが出てくる。裏砂漠に行く前にチェックしておこう。

行き帰りは
バスも便利♪
大島公園

泉津

溶岩の海岸線と樹林の間をたどる
変化に富んだ絶景散歩

大島公園遊歩道トレッキング

時折ハッとするような
景色に出合える

「美しい日本の歩きたくなるみち 500 選」にも登録された遊歩道。森林浴やバードウオッチングにも最適だ。

心を解放する海岸線の絶景を目指して

東海岸沿いに泉津の二本松から行者トンネルへと抜ける約 5.5km のトレッキングコース。なかでも二本松から大島公園までの 3.5km の区間は行き帰りに路線バスを利用でき、時間や移動手段の限られた旅行者もその一部を楽しむことができる。

一番の見どころは溶岩が作り出した独特な海岸線の景観と大島海浜植物群落。散策するなら道中の風景が日陰にならない午前中がおすすめだ。全行程アップダウンのある未舗装路で、足場の悪い崖脇の道も通る。履き慣れたスニーカーなど歩きやすい靴で臨もう。

道中にあるテーブルでひと休み。海を見ながら一服しよう

もっと知りたい！ 珍しい海浜植物を観察しよう

海岸の崖地付近に生息する代表的な植物が見られる大島海浜植物群落。海岸近くにはカーペット状に群生するオオシマハイネズや低木のイソギク、ハマカンゾウが自生し、内陸に向かうにつれて高木林へと移行する植物のすみ分けが観察できる。

地面にはうオオシマハイネズ

MAP 折り込み⑤ C1　交 元町港から車で約 15 分
駐車場 あり（大島公園バス停前）

スケジュール

所要時間 約 2 時間　レベル

8:00 二本松からスタート

スタート地点は泉津集落の東、大島一周道路沿いにある。泉津バス停からは徒歩 3 分ほど。赤いスコリアでできた石柱と案内板が目印。

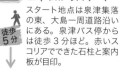

入口には案内板がある

↓ 徒歩 5 分

8:05 いきなり絶景！　でも通り抜け不可

最序盤だけはいったん大島一周道路に抜ける変則的なコースとなっている。順路に沿って歩いているつもりでもコースアウトしやすいので注意。

ここまで来たらいったん戻ろう

↓ 徒歩 50 分

8:55 大沢尻の大階段が中間地点

民家脇の小さな案内板の立つ小道から再び遊歩道へ。変化に富んだ風景が続く。岩から潮の吹き出る潮吹や木々の茂る谷間の大沢尻などを通過。

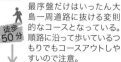

足元に気をつけて深い谷へ

↓ 徒歩 25 分

9:20 大島海浜植物群落へ

笠松に到着すると景色が一変、赤い溶岩の上にオオシマハイネズが繁茂している。大島海浜植物群落は国の天然記念物に指定されたエリアだ。

独特な景色が広がっている

↓ 徒歩 40 分

10:00 大島公園へ到着！

ゴールの大島公園へ向かうにつれて、コースは徐々に海岸線を離れて林の中へ。ヤブツバキやブナに囲まれた林道の散策を楽しもう。

舗装された道にほっと安堵

voice＜ 遊歩道は大島公園から南へと続いている。大島公園から行者浜までは 1.5km、そこから行者トンネルを抜けメメズ浜まで 0.6km。メメズ浜からはさらに三太沢にいたる全長約 2km の自然探索路となっている。

四駆バギーで、大島の大自然を駆け抜ける！

バギーライドツアー

でこぼこの地形でも進む四輪バギー（ATV）を運転して、伊豆大島の自然を肌で感じられるツアー。裏砂漠に向かって走り抜ける、迫力満点の体験ができる。ほかに、サンセットパームラインツアーも。普通免許があれば運転できるので、気軽に参加できる。

気持ちいい〜！

ツアーは2名から参加可能

ツアー5分前までにバギー置き場へ集合！

砂漠の上の迫力ライド。スピードの出し過ぎに注意！

広大な砂漠をバックに記念撮影

MAP 折り込み①C4　Book Tea Bed IZUOSHIMA
交 元町港から徒歩約3分　**住** 大島町元町2-3-4　**電** (04992)7-5972　**料** 1万2000円（裏砂漠ツアー、ガソリン代、保険料込み）、7000円（サンセットパームラインツアー、ガソリン代、保険料込み）　**駐車場** あり　**予約** 必要　**時** 8:00〜22:00　**定員** 2名以上で開催　**カード** 可　**URL** https://bookteabed.com/ja/izuoshima/

初心者でもアジが釣れるかも！

釣り体験

伊豆大島の海岸沿いは釣り場の宝庫。にわかに釣りモードに突入しても大丈夫。釣具屋で竿をレンタルすることができる。釣具屋では、おすすめの釣りポイントを教えてくれるので、ぜひ尋ねてみよう。釣った魚を冷蔵保存するための氷は無料でもらうことができる。保存用の袋は持参しよう。

真っ青な海を眺めながら釣り体験。今日は何が釣れるかな？

足元に気をつけながら釣りを楽しもう

釣具屋で一式レンタル。今日の釣りポイントも聞いてみよう

MAP 折り込み①C4　桜田　**交** 元町港から徒歩約6分　**住** 大島町元町2-7-14　**電** (04992)2-1388　**時** 7:30〜17:30　**料** 1800円（内1000円は保証金）　**予約** 不要　**休** なし　**駐車場** あり

離島テントサウナでデトックス！

テントサウナ体験

伊豆大島の海を目の前にテントサウナ体験。汗をかいたらそのまま透明度の高い海へ飛び込もう。肌寒い季節なら一棟貸し宿の庭で、鳥の声を聞きながら整い、宿のお風呂でひと息つくのが通の楽しみ方。誰にもじゃまをされない至福のひとときを味わおう。

リクライニングチェアでひと休み

さざ波や風の音を聞きながら、心も体もリラックス

1グループで1テントのみ貸し出し可能

漁火　**交** 開催場所により異なる　**電** 080-2037-3860　**料** 4000円　**所要** 4時間　**時** 9:00〜13:00、14:00〜18:00　**定員** 2名以上で開催　**カード** 不可　**休** 不定休　**URL**
https://isaribi.info/index.html

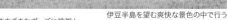

潮風を感じながらリフレッシュ！

海辺ヨガ
竹中 さゆりさん（たけなか さゆり）

さざ波の音を BGM に、海辺でヨガをしてみては？自然の中で呼吸に合わせてポーズをとれば、次第に全身の緊張がほぐれていくのを感じるはず。持ち物は、動きやすい服と飲み物だけで OK。場所や時間などは、事前に電話で相談しよう。サンセットヨガや新緑の中でのヨガも気持ちいい。

自然の中でのヨガは気持ちいいですよ！

難しいポーズにもチャレンジしてみて

このポーズ利く〜！

さまざまなポーズに挑戦！

伊豆半島を望む爽快な景色の中で行う

ラーダー・ダーシー・セーヴァ主宰ヴリンダーヴァネーシュワリー d.d（竹中さゆり） 住 希望場所 電 080-1334-4437 時 応相談 料 3000円/1時間 予約 必要 休 不定休

まるでプラネタリウムみたい！

星空ウオッチング

都心から一番近い離島でありながら、空気が澄んでいて光害が少ない伊豆大島は、満天の星が広がる絶好の星空観察スポット。ツアーでは特に観測に適した場所を訪れ、星に精通したスタッフが星座について解説してくれる。双眼鏡や望遠鏡は貸し出してくれるので手ぶらでOK。

あそこに星が瞬いた！

日が完全に落ちるまではほかの参加者とおしゃべりタイム

無数の星が空に瞬く。夏場は天の川が見られることも

グローバルネイチャークラブ MAP 折り込み③ A2 住 大島町元町字北野 1-74 所要 2時間 電 (04992)2-1966 時 19:00 〜 21:00 料 5000円（2名以上で開催） 予約 必要 休 不定休 URL www.global-ds.com

遠く海の向こうに伊豆半島の夜景が浮かび上がる

海の目の前で宿泊もできる！

レンタル・キャンピングカー

海辺やキャンプ場、星空がきれいなスポットなど、好きな場所で宿泊できるキャンピングカー。伊豆大島の大自然に抱かれながら、贅沢な一夜を過ごせる。人数、用途に応じて 3 台のキャンピングカーから選ぶことができる。

1台最大6名まで就寝できる

普通免許で運転できるので、気軽に利用可能

車中泊する場合は公共駐車場で

大島キャンピングレンタカー MAP P.74A3 住 大島町元町 2-20-2 交 元町港より車で約2分 所要 3時間 電 090-1600-8625 時 24時間 料 3万8500円〜 予約 必要（4日前までに予約） URL https://oshima-campingrentacar.com/

voice 1987年に設立したグローバルネイチャークラブ。ここでは星空観察のツアー以外にも、ダイビングやスノーケリング、トレッキングツアーなど、伊豆大島の自然を網羅したツアーを開催している。天気などの自然条件を考慮しその日に合ったプランを提案してくれる、安心の老舗アクティビティショップだ。

緊くほど海がきれい！

スノーケリングツアー

魚影が濃い巨大なタイドプールで泳ごう！

ゴツゴツとした溶岩にできたタイドプールで行うスノーケリングツアー。ソラスズメダイやクマノミなどカラフルな魚が間近に見られる。サンゴやイソギンチャクも生息し、そこはまるで南国の海のようだ。島にはたくさんのスノーケリングポイントがあるので、ガイドと相談してポイントを決めよう。

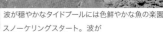

波が穏やかなタイドプールには色鮮やかな魚の楽園
スノーケリングスタート。波が穏やかなので初心者でも安心

いざ海へ出発〜！
ウエットスーツに着替えて準備万端！

ケンボーダイビング 〔MAP〕折り込み④ A3 〔住〕大島町差木地字クダッチ 〔交〕波浮港から車で約5分 〔所要〕3時間 〔電〕(04992)4-0355 〔時〕9:00〜13:00 〔料〕6600円 〔予約〕必要 〔休〕不定休 〔URL〕http://kenbo-diving.com

---

カラフルな魚に会いに行こう

体験ダイビング

伊豆大島のダイビングの魅力と言えば、なんといっても火山島ならではの迫力ある地形。悠々と泳ぐ魚の群れや、カラフルなウミウシなどに出合える透明度の高い海で体験ダイビングデビューをしてみては。少人数制なので初心者でも安心。記念に水中写真をプレゼントしてくれる。

透明度20mにもなる美しい海を見に来て！

伊豆大島の海には、約1000種の魚と約400種の甲殻類が生息する

魚の群れをこんなに間近で見ることができる

古山 徹（ふるやま とおる）さん

流れ込んだ溶岩が冷えて固まったダイナミックな地形も見ものだ

イエローダイブ＆コムギテラス 〔MAP〕P.74A2 〔住〕大島町元町字水溜 210-6 〔交〕元町港から車で約2分 〔所要〕3時間 〔電〕(04992)2-4186 〔時〕9:00〜13:00〜 〔料〕1万3200円〜 〔予約〕必要 〔休〕不定休 〔URL〕https://yellow-dive.com

---

青く透明な海の上でのんびりと

スタンドアップ・パドルボード体験

サーフボードより少し大きめの安定感ある板に乗りながらパドルを漕いで、群青色の海の上を探検しよう。優雅に泳ぐ魚をのぞくことができ、時にはウミガメが顔を出すことも。波が穏やかなときに開催するが、酔いやすい人は酔い止めを持参しよう。

自分のペースで景色や時間を楽しめる

事前の講習でコツをつかもう

水着を着用し集合場所へ行こう

戸井商店 〔MAP〕折り込み① C3 〔交〕開催場所による 〔住〕大島町元町 1-2-2 〔所要〕2時間 〔電〕070-2158-4093 〔時〕9:00〜13:00 〔料〕7000円〜 〔予約〕必要 〔カード〕可 〔休〕冬季 〔URL〕https://rentalcycletoi.amebaownd.com/

火山島ならではのダイナミックな地形をもつ伊豆大島の海は、ダイバーたちにも注目のスポット。ギンガメアジやウミガメ、ときにはハンマーヘッドシャークが見られることも。また海中のアーチを見に行ったりと、地形派ダイバーにも人気だ。

およそ300万本の花が彩る椿の楽園

大島に椿を愛でに行く

冬から春にかけて花を咲かせる椿。
2月から3月下旬の最盛期には全島で椿まつりが開かれ、
さまざまなイベントがめじろ押し！

あんこさんが待ってます♪

島の暮らしに欠かせない
優秀な植物、椿

　約300万本のヤブツバキが自生するといわれる伊豆大島。島にはICS（国際ツバキ協会）に認定された国際優秀つばき園が3園あり、世界中から集められた約1500種類以上の椿を観賞することができる。その椿が花を咲かせるのが12月上旬〜3月。赤、ピンク、白とカラフルに島を彩る美しい光景を求めて訪れる旅行客がピークを迎えるのもこの季節だ。

　ところでヤブツバキは、ただ花を観賞するだけではなく、工芸品や炭、椿油などに加工されている。さらに海風に強いことから防風林としての役割を担っており、まさに島人の生活に欠かせない存在だ。島を訪れたら、椿観賞はもちろん、椿を使った体験をしたり島産の良質な椿油を手に入れるのも楽しみだ。

約2ヵ月間は椿づくし！
伊豆大島 椿まつり

期間中に椿の女王が決定し、撮影会も開催される

　椿の開花に合わせて開催される伊豆大島椿まつり。1956年から開催される、歴史あるイベントだ。期間中は例年約5万人の来島者が訪れる。初日はオープニングセレモニーが行われ、江戸みこしや郷土芸能などが披露される。また祭り期間中の週末には夜まつりが開催され、あんこ娘のダンスパフォーマンスや御神火太鼓の演奏も鑑賞できる。椿まつりの公式ウェブサイトでは椿の開花状況も公開されている。

期間 1月下旬〜3月中旬
URL https://www.tokaikisen.co.jp/tsubaki_festival/

伊豆大島で見られる椿図鑑

世界から集めた椿を合わせると1500種以上が見られる伊豆大島。代表的な品種はこちら。

ヤブツバキ
赤い花びらを5弁咲かせる日本原生の品種。伊豆大島に自生する。

サザンカ
日本原生で、10〜12月が花の見頃。咲き終わりは花びらが散る。

明石潟（あかしがた）
日本のツバキの中では最も花が大きい品種。3〜4月が見頃。

大虹（おおにじ）
明石潟が変異し生まれた品種。ピンクの花に白斑が印象的。

太郎冠者（たろうかじゃ）
濃い桃色で一重咲きの品種。江戸時代からある古い品種だ。

蝦夷錦（えぞにしき）
赤と白のコントラストが美しい八重咲き品種。江戸時代からある。

voice 美しい姿に、つい触れてみたくなる椿の花だが、チャドクガという毛虫がいる場合がある。触るとかゆみや発疹が出てしまったり、アレルギー反応を起こしたりすることも。島では常に駆除を行っているが、観賞するときは注意して。

椿の観賞スポット
1

都立大島公園
（とりつおおしまこうえん）

約 1000 品種の椿に出合える
日本最大級の椿園

　7万㎡もの広大な敷地を誇る都立大島公園内の椿園。約 1000 種類、3200 本の園芸品種と、約 5000 本のヤブツバキが栽培されている日本最大級の椿園だ。敷地は広大だが見やすく整備されており、椿まつりのメイン会場ともなっている。中国・ベトナム原産の椿を展示する温室も。また敷地内には椿専門の資料館や、桜やヤシの木の植物園、入園無料の動物園が併設されていて、子供から大人まで楽しめる施設となっている。

テーマに沿って 9 つのゾーンに分かれる

MAP P.84C3　**交** ❶ 大島公園より徒歩約3分　**住** 大島町泉津福重2　**電** (04992)2-9111
料 無料　**休** なし　**URL** https://www.town.oshima.tokyo.jp/soshiki/kankou/oshima-park.html

園内の見どころ

椿資料館

椿と伊豆大島の歴史や文化を紹介。椿の葉の化石やドライフラワーなど、椿に関連した品を展示している。営業時間は 8:30 ～ 16:30。入館料は無料。

動物園

溶岩の地形を生かし作られたサル島がある動物園でレッサーパンダが特に人気。眺めも爽快。入園料は無料、営業時間は 8:30 ～ 17:00。

大島コロッケ

椿油や明日葉を練り込んだ麺などの商品を取り扱う。食堂ではラーメンや大島牛乳アイスを販売。営業時間は 10:00～16:00。

植物園

椿以外の植物も楽しめるように作られた植物園。桜、ヤシ、ブーゲンビリア、芝生の広場がある。桜の広場はオオシマザクラが中心。入場無料。

つばき豆知識

椿の見頃や椿の文化を知れば、椿観賞がもっと楽しくなる。知っておきたい豆知識をご紹介。

椿の見頃はいつ？

島に自生するヤブツバキの見頃は、おもに 2 月から 3 月下旬。早咲きの品種だと 10 月頃から咲く品種もあり、その多くは椿花ガーデンで見られる。3 月下旬からは桜も楽しめる。

国際優秀つばき園って？

国際優秀つばき園とは、国際ツバキ協会が認定した優秀な椿園のこと。世界に約 60 ヵ所あり、大島では都立大島公園、都立大島高校、椿花ガーデンの 3 つが認定されている。

あんこさんって？

島では年上の女性をあんこさんと呼んでいた。あんこさんは市松柄の着物と頭の手ぬぐいが特徴。頭の上に桶を乗せ、水を運んでいた。椿まつり中は島のいたるところで出会える。

冬の青空に映える鮮やかな椿

大島高校の椿園は椿まつり中のみ見学可能

あんこさん体験は観光協会でできる

voice 国際優秀つばき園として認定されるには、200 種類以上の品種があることや、優秀な管理をしていることなど厳しい基準をクリアする必要がある。伊豆大島の 3 園は 2016 年に認定された。2022 年現在、国内には9園、世界では約60 園の国際優秀つばき園がある。

椿の観賞スポット 2 椿花ガーデン

（つばきはな）

青い海と空に映える富士山と椿の競演

5万3000坪と広大な土地をもつ椿花ガーデンで、400種類以上の椿を栽培。早咲きの椿もあり、10月頃から見頃を迎えるものもある。富士見の丘から望む、椿と富士山のコラボレーションは見応え抜群だ。また、梅雨時期にはアジサイが咲き誇り、ピンクや紫の花が園内を華やかに彩る。白いアジサイが一面に広がる丘も美しい。椿花ガーデンで作られた牛乳せんべいとリスまんじゅうは大島定番のおみやげのひとつ。

MAP 折り込み③B2　元町港から車で約8分
大島町元町字津倍付41-1　(04992)2-2543　9:00〜15:00　830円（中学生以下400円、4歳以下無料）　不定休（季節により異なる）　URL http://tsubakihana-g.com/

晴れた日には富士山に椿が花を添える華やかな景色が楽しめる

売店でおみやげを手に入れよう

園内の見どころ

うさぎの森
放し飼いになったウサギと触れ合うことができるエリア。ウサギの餌は1皿100円。あどけない子ウサギとも遊べる癒やしスポット。

芝生広場
総面積3000坪の広大な広場。広々とした芝生からは、富士山を望むことも。デッキチェアに寝転がって、雄大な景色を堪能！

ゴーカート
ふたり乗りのゴーカート。時速30kmでさわやかな風を切りながら、ヤシの木の下を駆け抜ける。1回500円。あじさい祭りの期間は休止。

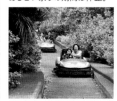

パターゴルフ
南国感のあるエリアで天然芝のパターゴルフが楽しめる。ミニホールが全部で9つ。1人500円で、クラブとボールはレンタル可能。

椿の観賞スポット 3 都立大島高等学校

（とりつおおしまこうとうがっこう）

1000本以上の椿は、現役高校生が管理

椿園のほかに、洋種椿園や変わり葉・伊豆大島産椿園もある

教育機関としては、世界で初めて国際優秀つばき園に認定された。1977年から農林科の生徒が育ててきた椿園には、現在約380品種、1000本以上もの椿が植えられている。椿まつり期間中のみ一般公開しているが入試期間中の見学は禁止なので、見学希望者は事前に東海汽船のパンフレットなどで確認しよう。

MAP P.74B1　元町港から車で約6分
大島町元町字八重の水127　(04992)2-1431
9:00〜16:00（椿まつり期間中のみ公開）　無料
2月末の数日間　URL http://www.osima-h.metro.tokyo.jp/zen/nourin/toppage.html

椿まつりの期間は一般公開している。生徒が案内してくれることも

VOICE　椿花ガーデンでは2022年から年間パスポートを販売している。季節によってさまざまな植物が見られるため、何度来ても楽しめる。料金は3000円。3回以上入園すればお得だ。

こちらも行きたい！ その他の椿スポット

自然が織りなすヤブツバキの芸術

　温暖で雨が多く水はけのよい土地を好むヤブツバキにとって、伊豆大島は絶好の条件が揃っていた。ある文献には、縄文時代から伊豆大島に自生していたという記録も。今も島のいたるところで冬の島を鮮やかに染めている。ここでは、椿園以外にも、落ち椿が作る赤い絨毯やアーチのような椿のトンネル、根っこが絡まり手を取り合っているかのような椿など、島で見られる椿の観賞スポットを紹介。北部や三原山を中心に点在しているため、車での移動がおすすめだ。

A 元町 野地の椿「夫婦椿（めおとつばき）」

縁結びのパワースポット夫婦椿で良縁祈願

椿がトンネルのように茂る野地の椿。その中にある椿の木の根っこが手を取り合っているように見えることから夫婦椿と呼ばれる巨木は必見。

MAP 折り込み③A2　元町港から車で約15分　大島町元町野地

B 元町 椿の森公園

落ち椿の幻想的な赤い絨毯が美しい

椿の実を取るために作られた三原山登山道路沿いにある椿の林。椿の花が落ちる時期は公園中が赤く染められ、絨毯を敷いたかのような光景に。

MAP P.74C1　元町港から車で約10分　大島町元町

C 三原山 さざんかの道

12月下旬に見頃を迎える色とりどりの並木道

1kmにわたり約150本のサザンカが咲く。11月から1月にカラフルな花が彩る。ヤブツバキと異なりほぼいっせいに開花するので見事。

MAP P.82B1　三原山頂口から車で約6分　大島町泉津

D 岡田 仙寿椿（せんじゅつばき）（苗の平の大椿）

推定樹齢400年の古木

日本ツバキ協会に優秀古木として認定された、推定樹齢400年の椿。今もなお冬に花を咲かせ、荘厳な雰囲気を漂わせる。

MAP 折り込み②C2　岡田港から車で約5分　大島町岡田

E 泉津 泉津の椿トンネル

約100mの大木が作る椿のトンネル

樹齢約200年前後の椿の古木が、全長100mのアーチ型に連なる道。なかには幹まわり2mを超える大木も。そこに差し込む木漏れ日が美しい。

MAP P.84B2　岡田港から車で約8分　大島町泉津

もっと知りたい！

全国に大島と椿を広めたのはあんこさん？

　大島といえば椿といわれるほど、伊豆大島と椿という組み合わせは全国で知られている。その発端のひとつが第2次世界大戦後、大島の椿油の宣伝のため、全国各地にあんこさんが大型バスで行脚したことにある。訪れた土地土地であんこさんは歌って踊りながら大島と椿を広めたのだ。

椿資料館に展示される資料

voice　712年に元明天皇に献上された日本最古の歴史書、古事記には、椿の花が美しいことを綴った歌が載せられており、その時代から椿が園芸品として好まれていたことがわかる。室町時代には茶花の材料として、江戸時代には将軍や大名に愛されていたという。

53

ひとつの実から取れる油はわずか9㎖！

\島の恵みが凝縮された、天然の椿油を手に入れよう/

大島・利島椿油図鑑

伊豆大島・利島に生息するヤブツバキ。昔から島人は椿の種から椿油を搾り、生活のあらゆる場面で活用してきた。椿油の作り方や効能など、椿油のアレコレをご紹介。

島の椿油

100% 島の種で作った椿油

大島最古の椿油

大島椿 株式会社
「大島椿 椿油」
30ml / 1650円

買える店
minatoにぎわいマーケット→P.85

1927年から椿油を作り続ける老舗。大島島内だけで購入が可能。

レトロでかわいいパッケージ

株式会社　阿部製油所
「大島油」
36ml / 1280円

買える店
阿部森売店→P.79

明治後期創業の店が生産する椿油。レトロモダンなパッケージは、なんと100年以上前の1913年にデザインされたものだ。

島内だけの限定販売

株式会社椿
「生の椿油」
15ml / 1000円

買える店
みよし土産品店→P.79　minatoにぎわいマーケット→P.85

熱を加えずに抽出するコールドプレス法で作られた、保湿力の高い椿油。

ヘルシー志向の食用油

健康に良い食用油！

有限会社
高田製油所
「三原 椿油」
130ml / 1940円

買える店
えびすや土産店→P.80　minatoにぎわいマーケット→P.85

伝統的な搾油法で造る食用椿油。コレステロールを下げるオレイン酸が豊富。

200年以上の技術が詰まった椿油

利島農業協同組合
「神代椿 -金-」
50ml / 1980円

買える店
利島農業協同組合→P.98

100%利島産の椿油。とろっとした質感だが肌へのなじみがよくペタつきにくいのが特徴だ。種類は神代椿 -金- を含め3種類ある。

伊豆大島産の非加熱オイル

株式会社
C&WORLD
「伊豆大島の生ツバキ油」
10ml / 880円

買える店
えびすや土産店→P.80

非加熱生製法で搾り出したフレッシュな椿油。保湿力が高いのでスキンケアに。

椿油Q&A

Q 食用油と美容油はどう違うの？
A ろ過精製の回数が違う。ろ過の回数が少ないものは香りが高く食用に、多いものは美容に適する。

Q 椿油の保存法は？
A 常温、直射日光の当たらない涼しい場所で保存するのがよい。

Q 椿油の歴史はどのくらい？
A 平安時代の文献に椿油が登場している。この時代からすでに美容オイルとして、女性に愛されていたよう。

椿油のできるまで

ヤブツバキの花が咲いてから椿油になるまで約1年以上かかる。島の人が種をひろい集め搾油し椿油になるまでの工程を見てみよう。

①1～3月●開花
ヤブツバキの開花は厳冬期の1月から3月。約半年間をかけて搾油に適した大きさの種となる。

②10月頃●実の収穫と乾燥
実が割れて種が見えたら収穫の合図。収穫した実は天日で乾燥させて種を取り出し、さらに約1週間乾燥させる。

③1～2月頃●搾油
身が詰まっていて虫食いのない種子を取り出し水で洗浄し、乾燥させて蒸す。搾油機で種から黄金色の油を搾りだす。

④乾燥後順次●精製
搾りだした椿油はろ過し、不純物を取り出す。専用のタンクで脱色・脱臭の精製を行ったものを容器に詰めて完成。

伊豆大島、利島で椿栽培が盛んな理由は、穏やかな気候と、火山灰を含んだ水はけのよい土壌がヤブツバキの生育に適していたため。400年前、日本原産のヤブツバキは海を渡り、世界中で愛される花となった。今では世界中から椿ファンが大島に椿を愛でにやってくる。

伊豆の踊子の
モデルですの

ノスタルジックな町並みをそぞろ歩き

波浮港まち歩き

かつて伊豆諸島と本島をつないだ港として栄えた町。
穏やかに輝く海を眺めながら、そぞろ歩き。

往時の栄華をしのびつつレトロな町を探検

　1800年に開港し、航海の要所として昭和初期まで大いに栄えた波浮港。かつては与謝野晶子、幸田露伴など数々の文人たちが訪れ、作品を執筆した。今はひっそりと静まりかえった町だが、当時から続く旅館や屋敷が残り、当時のにぎわいを感じさせてくれる。鵜飼商店で、揚げたてコロッケを食べながら、文学碑を見つけて俳句短歌を鑑賞するのも一興。文学碑の隣には日本最初の商業レコード「波浮の港」の鐘がある。

旧港屋旅館の2階には踊り子たちの人形がある

竜王崎灯台
踊子坂
旧甚の丸邸
島京梵天
旧港屋旅館
波浮港バス停
GOAL
大島最古の船舶信号機
波浮港歌碑
鵜飼商店
波浮港
波浮港見晴台
都はるみ歌碑（開港200周年記念）
START
上の山バス停
大島一周道路
至 泉津

MAP 折り込み④C2
交 波浮港からすぐ　駐車場 なし

スケジュール

所要時間	歩行距離	体力レベル
1時間30分	約1km	🚶🚶🚶

14:00 ノスタルジックな通りからスタート！

徒歩5分

波浮港バス停で下車すると、風情ある町並みが続く。人気の寿司店やカフェ、古くから続く商店があり、波浮のメインストリートとなっている。

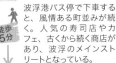
石畳の路地がレトロな雰囲気

14:15 明治時代のにぎわいを今に伝える

徒歩1分

明治から昭和時代まで、多くの宿泊客でにぎわった旧港屋旅館。貴重な建物は保存も兼ね、踊り子の里資料館として当時のにぎわいを再現している。

館内には写真や資料が展示される

14:35 踊子坂の石段から港町を望む

徒歩5分

旧港屋旅館の前には240段の石段、踊子坂が続く。階段の途中で後ろを振り返れば、港や海が望める。木漏れ日を浴びながらゆっくり登ろう。

かつてここを歩いた踊り子の気分に浸ろう

15:00 明治時代の島の暮らしを伝える屋敷

徒歩15分

旧甚の丸邸は、明治時代の網元が所有した屋敷の跡。当時の特徴である石造りの建物となまこ壁の漆喰装飾を見ることができる。

屋敷の2階では蚕を飼育していた

15:30 大島最古の船舶信号機を見に行く

荒天下も無事に船が港に着けるよう誘導した船舶信号機。上部には大砲が設置され、座礁した船にロープを打ち放ち、救助したという。

役目を終えた今もなお島の安全を見守っている

voice〻　波浮港はさまざまな音楽や小説に登場する。川端康成の『伊豆の踊子』では、ヒロインが旧港屋旅館や甚の丸邸で旅芸人として訪れている。
また、島内で夕方流れるチャイムで使用されている佐藤千夜子の「波浮の港」は1928年に発売された日本最初の商業レコード。

55

伊豆大島の母の味だよ！

木島名物べっこう丼！

島の料理名人が教える
本格的な郷土料理

伊豆大島の料理教室

波浮港の老人会の皆さんの家に昔から伝わるレシピで教える島の味。島の食材をふんだんに使った料理にチャレンジ！

おいしいコツは心を込めてていねいに作ること

波浮の各家庭に古くから伝わる島のレシピを、波浮港老人会の皆さんに直接教わることができるのがこちらの料理教室。実家が元お寿司屋さんという先生を含め、ベテランの先生がずらり。定番メニューは、白身魚を青トウガラシ入りのたれに漬けた、べっこう丼やべっこう寿司。また伊豆大島に自生する明日葉の胡麻あえやおひたしなども人気だ。季節によって作る料理は異なるので、予約の際に確認しよう。魚のさばき方から酢飯のおいしい作り方までていねいに教えてくれ、料理の技術を磨きたいという人にもおすすめだ。最後は波浮港老人会の皆さんと一緒に談話をしながらおいしくいただこう。島の昔話を聞きながら食べる手作り料理は、格別だ。

和気あいあいとした雰囲気

もっと知りたい！
学びたい調理方法があったら伝えてみて

刺身の切り方や魚のさばき方・おろし方など、取得したい調理方法があれば、予約の際に伝えてみよう。その時期に取れる食材を使いながら教えてくれる。島料理を作りながら、和食をマスターしよう。

簡単そうに見えて難しい、刺身の切り方

波浮港老人会　📧 予約の際に確認　📞 090-4912-1650　💰 要相談
🕐 1500円〜（素材により変動・2名から予約可能）　予約 必要（3週間前までに予約）　🏠 無休　会場による

スケジュール

所要時間	体力レベル
約2時間30分	👤👤👤

10:00 ▶ エプロンを借りで準備をする

集合場所に到着したら島の老人会の皆さんにごあいさつ。エプロンや三角巾を借りて、料理する準備をしよう。手を洗うのも忘れずに！

手ぶらで参加できるから楽ちん

10:10 ▶ 料理開始！　先生に手順を教わろう

作る料理はその日の素材次第。地魚がある日には、刺身の切り方も実演を交えて教えてくれる。ていねいに説明してくれるので、家でも作れそうだ。

寿司屋直伝の本格的な技を習得

11:00 ▶ 人数分盛りつけて食事の準備

料理ができあがったら次は盛りつけ。寿司飯の混ぜ方や、和食の美しい盛りつけ方も教えてもらおう。箸や湯のみ茶碗を用意して、完成間近！

ふっくらとしたご飯がおいしそう

11:15 ▶ 完成！　おいしそーう！

島の食材をたっぷり使用した料理の数々。島の食卓でもおなじみの料理がずらりと並ぶ。最終的に先生が味を調整してくれるので、味は絶品だ。

お店で食べる料理みたい

11:45 ▶ 島の人々と一緒にいただきます！

波浮港老人会の皆さんも集まり、とてもにぎやか。おいしい島料理を食べながら、経験豊富な皆さんに島の話を聞いてみよう。まるで自分も島人になった気分♪

食べる前に先生からひと言！

VOICE　四季折々に味覚を楽しませてくれる伊豆大島の食材。冬にぜひ食べてみてほしいのが、はんばのりだ。栄養満点で磯の香りが豊かな島のりで、ご飯に混ぜて食べると絶品。冬の時期なら料理教室にも登場するかも。予約の際に相談してみよう。

7つの寺を御朱印帳と共に巡る
七福神巡り

所願成就のご利益があるとされる七福神。
すべて巡って、祈願成就！

仏師直伝の技法による手彫りの七福神がお出迎え！

伊豆大島にある7つの寺では1年を通して七福神巡りができる。寺に住職がいる場合は御朱印をもらえるので、ぜひ色紙または御朱印帳を用意して回ろう。御朱印は200円〜。寺は島に点在しているので、移動は車がおすすめ。すべての寺を巡るには島を1周することになり、観光がてらにちょうどよい。すべての御朱印を集め成満を目指そう！ 住職が不在の場合もあるため、事前に電話をしてから向かうと確実だ。

御朱印帳を手に入れよう

御朱印帳があれば、七福神めぐりもより楽しめる。まだ御朱印帳を持っていなければ、元町港の目の前にある「えびすや土産店」（→ P.80）へ。大島のシンボルである椿柄の御朱印帳を販売している。

❶ 毘沙門天

エリア：元町
寺 名：潮音寺
財宝福徳や金運財運向上のご利益があるといわれる毘沙門天。潮音寺に奉納されている。門前の黒板にはありがたいお言葉が。

必勝開運！

MAP 折り込み①C2 🚌 元町港から徒歩で約5分 🏠 大島町元町1-14-1
☎ (04992)2-1778

❷ 寿老人

エリア：元町
寺 名：金光寺
延命長寿や身体健全、家庭円満などのご利益があるといわれる寿老人が置かれる金光寺。1547年創建で、島内で最も古いお寺だ。

MAP 折り込み①D1 🚌 元町港から徒歩で約9分 🏠 大島町元町4-14-8
☎ (04992)2-1266

❸ 大黒天

エリア：元町
寺 名：海中寺
五穀豊穣などのご利益があるといわれる大黒天。近代的な建物で、堂内は靴のまま上がる。本堂には日蓮上人の生涯を描いた絵画がある。

MAP P.74B2 🚌 元町港から徒歩で約11分 🏠 大島町元町4-13-5
☎ (04992)2-0076

❹ 福禄寿

エリア：差木地
寺 名：林浦寺
子孫繁栄や立身出世などのご利益があるといわれる福禄寿。旅行安全祈願にも。差木地地区に唯一ある寺・林浦寺に奉納される。

MAP P.90A3 🚗 波浮港より車で13分 🏠 大島町差木地1
☎ (04992)4-0623

岡田港
東京大島かめりあ空港 ✈
元町港
❶❸
三原山
地層大切断面
❹
波浮港
⑤
⑦⑥

❺ 恵比寿神

エリア：波浮港
寺 名：瀧泉寺
商売繁盛や開運招福などのご利益があり人々の生活に縁深い恵比寿神。道路沿いにあるが、民家のような建物なので注意して。

めで鯛！

MAP 折り込み④D1 🚗 波浮港から車で約3分 🏠 大島町波浮港17
☎ (04992)4-0213

❻ 布袋尊

エリア：泉津
寺 名：神泉寺
夫婦円満のご利益があるといわれる布袋尊。住職が常駐しておらず、同地区の武田商店で御朱印を無料で押してもらえる。

MAP 折り込み⑤C1 🚗 岡田港より車で約6分 🏠 大島町泉津9-5 ☎ (04992)2-8093

❼ 弁財天

エリア：岡田
寺 名：福聚寺
七福神唯一の女神・弁財天は、縁結びのご利益があるといわれる。福聚寺には乳房銀杏があり、こちらは子孫繁栄のご利益が。

MAP 折り込み③C2 🚗 岡田港から車で約5分 🏠 大島町岡田榎戸15
☎ (04992)2-8410

七福神巡りの
極意三カ条

その一
住職は不在のことも多いため
事前に電話して行くべし

その二
寺には日のある時間帯に行くべし

その三
寺巡りは意外と時間がかかる。
余裕をもって行動するべし

伊豆大島の七福神はすべて、大島高等学校の教師だった故・高田鉄蔵さんによる一刀彫りの作品。また、高田さんはご自身の父親から聞いてまとめた島の昔話や思い出、七不思議についての本『大島のむかし』を自費出版しており、藤井工房にて取り扱っている。

57

昔ながらの方法で椿油を手づくり！

椿油搾り体験

島産の良質な椿の種を使い、臼を使った昔ながらの製法で椿油搾りを体験してみよう。まずは、椿の種を砕いてふるいにかけてから蒸しあげる。柔らかくなった種を専用の機械に入れて圧力をかければ、黄金色の椿油が流れ出す。この作業はかつてはすべて女性の仕事だったというから驚きだ。できたての椿油は、先生の畑で取れた明日葉を炒めて早速味見。無添加のピュアな椿油は、おみやげに持ち帰ることができる。

砕いた種をふるいにかけせいろに移し蒸す

加圧器で種を搾ると椿油が流れ出す

できたての油の明日葉炒めは美味！

大島ふるさと体験館 MAP 折り込み③B2 🚗 元町港から車で約11分 🏠 大島町元町字北の山125-4 ☎ (04992)2-3991 🕐 10:00～16:00 💰 1人2700円(2名より受付) 予約 必要 🈺 不定休 URL http://www.island-net.or.jp/~taikenkan/index.html

---

オリジナルの模様と好きな色で自分好みに

つばき花びら染体験

染め液に使える花びらはひとつの花にたった2～3枚なのだとか

冬にだけ咲くヤブツバキ。そんな貴重な花びらから抽出した染め液を使って、オリジナルのハンカチを作ろう。輪ゴムを使って模様の基礎を作ったあと、ハンカチを染め液に浸し水洗い。水分を搾ったら、アイロンをかけて完成だ。どんな模様ができるかは、できあがってからのお楽しみ。ハンカチ以外にもスカーフやストールなどの染め体験も。淡いピンク色の染め液が基本だが、緑やパープルの染め液を選ぶことも可能。

椿の花びらを煮て染め液を作る。寒色系にすることもできる

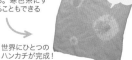
こんな模様ができた

世界にひとつのハンカチが完成！

伊豆大島 夢工房 MAP P.74A1 🚗 元町港から車で約4分 🏠 大島町元町新込126-94 ☎ (04992)2-2088 🕐 要相談 💰 1500円～ 予約 必要 🈺 不定休 URL https://tubakihanabira.wixsite.com/yumekoubou

---

天然海塩復活を島で実現した職人が案内

塩工場見学

ていねいに塩を作ってます！

大島の海洋深層水から、太陽や風など自然のエネルギーを借りて塩を作る阪本章裕さんの工場。精製塩と天然海塩の違いや昔ながらの製法で行う塩作りの工程を、約1時間ほどで工場を巡りながら解説してくれる。専売制度だった時代に天然海塩作りを始めるストーリーが描かれた、オリジナル絵本の鑑賞も楽しめる。

絵本は大人にもおすすめ

改良を重ねた塩ドームは、海水を濃縮するための場所

月の満ち欠けに合わせて製塩するというユニークな取り組みも

オオシマオーシャンソルト MAP P.74B2 🚗 元町港から車で約5分 🏠 大島町元町字小清水267-4 ☎ (04992)2-2815 🕐 要相談 💰 2000円(ストーリーテリング付き、1名の場合は1人3000円) 🈺 不定休 🅿 あり

伊豆大島の神社巡りも楽しい。野増の大宮神社にあるシイの群生や、差木地の春日神社にあるイヌマキ群叢は東京都指定天然記念物。岡田の八幡神社には源為朝が祀られており、ご利益だけでなく自然や歴史についても知ることができる。

島で唯一焼酎を造り続ける酒蔵
大島の酒蔵探訪

1937年、伊豆大島で焼酎造りを始めた谷口酒造。現在島で酒を造るのは、3代目の杜氏だ。島人が愛する、島生まれの焼酎の故郷を訪ねよう。

3代目の杜氏が切り拓く
島の焼酎の新たな世界

　酒蔵に到着してまず目を引くのは、全体が緑の芝で覆われた建物だ。屋根の頂部分にはなんと椿が植えられ、冬には赤い花をつけるという。ツバキ城と呼ばれるその建物は、3代目である谷口英久さんが杜氏に就いた、2000年に建てられた。内部は壁も天井も漆喰の白い空間。柔らかな光りに包まれている。事務所と、隣接の醸造所で造られた焼酎を試飲（有料）、購入するためのスペースとして造られた。

　現在、この酒蔵で酒を造るのは杜氏兼代表である谷口英久さんただひとり。酒蔵を継いでからは、試行錯誤の連続だ。ある日、湧き水にほんの少し伊豆大島の塩を足すと、モロミの発酵

がよくなることに気がついた。材料のうま味を閉じ込めるため、減圧式蒸留釜で沸点を低くして蒸留したり、モロミを発酵する際にモーツァルトを流すなど、酒をうまくするためのアイデアを惜しみなく導入する。醸造、蒸留からラベル貼りまで、すべて手作業で行うため、大量生産はできない。島を訪れたらぜひツバキ城に足を運び、島の小さな酒蔵の、大きな可能性を感じたい。

「御神火」の看板が目印！

設計は建築家藤森照信氏によるもの
Photo:Dana Buntrock

白い漆喰で塗られた店内。ここでしか購入できない限定品もある

御神火 いにしえ
500ml
1470円
25度

2年間という長期熟成により醸し出された、滑らかな舌触りと深いうま味、そしてキレのあるあと味が特徴。

酒蔵限定
超おやじごろし
500ml
6750円
38度

12年の歳月をかけて熟成した、深いうま味が特長の焼酎。「これでもかと親父を一撃する」味わい。

酒蔵限定
御神火・ツバキ城
180ml
3750円
37度

ツバキ城が完成した2000年に仕込んだプレミアム焼酎。ツバキ城でしか手に入らない限定商品だ。

御神火 徳利
1800ml
4400円
25度

多治見で焼いた徳利に、1年寝かせた御神火焼酎が1升入っている。おみやげとして人気が高い。

天上
300ml
850円
25度

すっきりと、そして華やかな香りが特徴の麦焼酎で比較的飲みやすい。焼酎を初めて飲む人にもおすすめ。

谷口酒造

MAP 折り込み⑥A1
住 大島町野増ワダ167
電 (04992)2-1726
時 9:00〜16:00（購入可能。見学は不可）
休 不定休　駐車場 あり
カード 不可
URL www.gojinka.co.jp
*現在店舗販売休止中

Voice 待合船客所や町なかのみやげ店・商店などでも取り扱いのある谷口酒造の焼酎だが、「御神火 ツバキ城」や「超おやじごろし」はツバキ城内のみでの販売となる。店がお休みの場合もあるので、酒造に向かうときは事前に電話で確認すると安心だ。

59

透明度の高い海で遊ぼう！

伊豆大島・利島のビーチ巡り

伊豆大島、利島には、冷え固まった溶岩により造られたタイドプールや、真っ黒な砂のビーチなど、個性的なビーチが勢揃い！

③②

④

伊豆大島

⑥　⑤

①

利島

![トイレ] トイレ　![シャワー] シャワー　![更衣室] 更衣室
![売店] 売店　![監視員] 監視員　![駐車場] 駐車場

※売店の営業は7月下旬から8月下旬の夏休み期間がメイン。監視員が常駐するビーチはないので遊泳の際は自己責任で。

伊豆大島 差木地

① トウシキ遊泳場
とうしきゆうえいじょう

ゴツゴツとした岩場を乗り越えると現れるタイドプール。透明度が高いので、島人にも人気のスノーケリングスポットだ。クマノミやソラスズメダイなどカラフルな魚から季節来遊魚、イソギンチャクなどが見られる。

MAP 折り込み④ A4　交 波浮港から車で約5分

![トイレ]![シャワー]![更衣室]（キャンプ場内）![駐車場]

伊豆大島 岡田

③ 日の出浜
ひのではま

テトラポットで防波している人工のビーチ。砂浜の近くには岩場があり、浅瀬で遊ぶこともでき、子供や初心者にもおすすめのスポットだ。カニや魚、貝が多く、磯遊びが楽しい。

MAP 折り込み② C1
交 岡田港から徒歩約1分

![トイレ]![シャワー]![更衣室]![売店]![駐車場]

伊豆大島 泉津

② 秋の浜
あきのはま

岩場にかかったハシゴを降りるとすぐに深場が広がる遊泳スポット。魚影が濃く、特に熱帯魚が多いので、ダイビングやスノーケリングの好スポット。水平線まで見渡せる開放感も◎。夏には飛び込み台が設置される。

MAP P.84B1　交 岡田港から車で約8分

![トイレ]![シャワー]![更衣室]![駐車場]

真っ黒な砂！

伊豆大島 元町

④ 弘法浜
こうぼうはま

伊豆大島ならではの黒い砂浜が広がる、海水浴向けのビーチ。遊泳場として島内きっての人気のビーチだ。海の近くには、滑り台や流れるプールなどが設置されており、無料で利用できる。

MAP P.74A3
交 元町港から徒歩約10分

![トイレ]![シャワー]![更衣室]![売店]![駐車場]

伊豆大島 間伏

⑤ 砂の浜
さのはま

全長1kmにわたる真っ黒な砂浜。波が高く遊泳場ではないが、伊豆諸島が望める美しいビーチだ。ウミガメの産卵地でもあり、夏には子ガメが海に帰る姿が見られることも。真夏は砂浜が太陽の光を吸収し熱くなるため注意。

MAP P.36　交 波浮港から車で約11分

![駐車場]

島民念願の
人工ビーチ

利島

⑥ カケンマ浜
かけんまはま

利島にある唯一の遊泳場。白い砂浜の向こうのスカイブルーの海が美しい。通常、海の日から8月末までが遊泳期間だが、年によって期間が異なるため、利島村役場に確認しよう。

MAP P.94
交 利島港から車で約2分 ![トイレ]![更衣室]（船客待合所）

---

voice 伊豆大島にあるほとんどのビーチは、ハワイ島のように黒い砂浜だ。これは、火山岩の種類である玄武岩が砕かれてできたから。黒い玄武岩には磁鉄鉱の微粒子が含まれているので、磁石に吸い寄せられる。磁石を持っていたらぜひ試してみて！

アクティビティ会社リスト

海や山の自然体験から島の文化体験まで、アクティビティが充実した伊豆大島・利島。
ダイビングから一刀彫まで幅広いジャンルを楽しめる。

	ショップ名	MAP	主な開催アクティビティ	電話	URL
伊豆大島	アクアヴィット伊豆大島店	MAP 折込③ A2	ダイビング、スノーケリング	(04992) 2-2677	www.aquavit-web.com
	アクアデルレイ大島	MAP 折込③ A2	ダイビング、スノーケリング	(04992) 2-0222	https://www.aquadelreyoshima.com/
	アトリエ木春	MAP P.90A3	椿花びら染体験	090-5820-9149	https://kamoriqoo.wixsite.com/izu-oshima-koharu
	伊豆大島あとぱぱダイビングサービス	MAP 折込③ A2	ダイビング、スノーケリング	(04992) 2-4982	https://atopapa.com/
	伊豆大島シーサウンド	MAP 折込④ B2	ダイビング、スノーケリング	(04992) 4-2622	www.seasound.jp
	伊豆大島ダイビングセンター	MAP 折込③ B2	ダイビング、スノーケリング	(04992) 7-5200	https://izuohshima-diving.com
	大島ふるさと体験館	MAP 折込③ B2	椿油絞り、草木染め	(04992) 2-3991	www.island-net.jp/~taikenkan/index.html
	伊豆大島ミスタードルフィンダイビングサービス	MAP 折込③ A2	ダイビング、スノーケリング	(04992) 7-5890	https://mr-dolphin.jp
	押し花	MAP 折込④ B2	ジオガイドツアー	090-9011-1950	なし
	オレンジフィッシュ	MAP 折込③ A1	ダイビング、スノーケリング、ジオガイドツアー、星空ツアー	(04992) 2-9707	https://www.orangefish.tokyo/
	海人	MAP 折込④ B2	ダイビング	(04992) 4-0914	http://osima-kind.com
	伊豆大島ダイビングサービス海侍	MAP 折込③ B2	ダイビング、スノーケリング	なし	https://umisamurai.jp/index.html
	カラーズ	MAP 折込③ B2	ダイビング	(04992) 2-0150	http://izuoshima-colors.com/index.html
	グローバルネイチャークラブ	MAP 折込③ A2	ダイビング、スノーケリング、ジオガイドツアー、星空ツアー、バードウォッチング	(04992) 2-1966	www.global-ds.com
	ケンボーダイビング	MAP 折込④ A3	ダイビング、スノーケリング	(04992) 4-0355	http://kenbo-diving.com
	さいとうダイビングサービス	MAP 折込③ B2	ダイビング	(04992) 2-1761	www.saito-diving.com
	ダイブハウス・タック	MAP 折込③ A1	ダイビング	(04992) 2-8866	www.divehouse-tac.com
	ネイチャーガイド チョモ	MAP 折込④ C3	ネイチャーガイド	(04992) 4-0279	https://izu-oshima.com/
	大島ダイビングセンターパームビーチ	MAP 折込③ A1	ダイビング、スノーケリング	(04992) 2-8511	https://oshima-diving.com/
	Beach Line	MAP 折込② B1	ダイビング	(04992) 2-8014	http://beach-line.com
	Fish Island Crew	MAP 折込③ B1	ダイビング	(04992) 2-0123	https://www.fic-web.com
	藤井工房	MAP 折込① D4	あんこ人形彫刻体験	(04992) 2-1628	なし
	ペンションいち・まる・いちダイビングサービス	MAP P.74A1	ダイビング、スノーケリング、ネイチャーガイドツアー	(04992) 2-5225	http://pension101.jp
	良作丸	MAP 折込② B1	釣り	(04992) 2-8545	http://333a.web.fc2.com
	秀作丸	MAP 折込② B1	釣り	(04992) 2-8746	www.1091.co.jp/ad/shuusaku/index.html
	マリンプラザ ワイズドリーム	MAP 折込③ A2	ダイビング	(04992) 2-4966	www.ys-dream.com
	伊豆大島ダイビングうみのわ	MAP P.84A1	ダイビング	(04992) 2-9528	https://uminowa.net/
利島	利島ダイビングサービス	MAP P.94	ドルフィンスイム、ダイビング	090-3066-9333	http://toshimads.d.dooo.jp
	寺田屋	MAP P.94	ドルフィンスイム	(04992) 9-0251	https://www.teradaya-yuuseimaru.com

VoiCe 伊豆大島や利島ではダイビングでハンマーヘッドシャークに合うことができる。ハンマーヘッドシャークに合えるのは6〜9月。黒潮の流れにより時期が変わることがあるので、ダイビングサービスの最新情報をチェックしてみて。

島京梵天
とうきょうぼんてん

波浮港

港町にたたずむ一棟貸しの宿

ノスタルジックな港町にある築128年の古民家を改装した、定員5名の一棟貸しの宿。玄関を入ると左手には畳の客室、右手にはリビングがある。キッチンには調理器具や食器、調味料が用意され、自炊も可能。きれいにリノベーションされており、無線LANやApple TVまで完備している。

① 時を忘れてゆったり過ごせるレトロモダンな宿 ② 寝室は落ち着いて休める和室 ③ 美しく整備された庭がお出迎え。古民家の入口に続く ④ 古民家ならではの広々とした空間を楽しんで

💬 居心地のいい古民家

MAP 折り込み④C2　交 🚶 波浮港から徒歩約5分　住 大島町波浮港6　電 (04992)4-1567
料 素24000円(2名利用の場合)、素30000円〜(3〜5名利用の場合)
駐車場 あり　客室数 1棟貸し切り　カード 可　URL https://www.tokyovoneten.com/

こだわりの島宿で
のんびりステイ

古民家やゲストハウス、自炊ができるキッチン付き宿など、泊まりに行きたい個性あふれる島の宿をご紹介。島の空気に包まれた癒やしの宿で、ゆるりと"脱・日常"。

元町

Book Tea Bed IZUOSHIMA
ぶってぃー べっど いずおおしま

本や人との出合いが楽しい元町港近くのドミトリー

元町港から徒歩圏内のゲストハウス。館内にはあらゆるジャンルの本が、そこかしこに置かれているユニークな宿だ。客室は個室タイプとドミトリータイプの2種類。個室は全室トイレ・シャワー付き。ドミトリーも各寝室はプライベートが保たれている。1階にはカフェが併設されている。

💬 カフェ利用もOK♪

① 本好き、旅好きが集う宿。本を通じて新たな出合いがありそう ② モーニングセット700円(宿泊客以外は800円) ③ 個室はセミダブルからファミリー部屋まで8部屋 ④ 洋書から漫画まで壁一面に本が並ぶ

MAP 折り込み①C4　交 元町港より徒歩約3分　住 大島町元町2-3-4
電 (04992)7-5972　料 素個室1万円〜、ドミトリー4000円〜　駐車場 なし
客室数 個室16、ドミトリー1　カード 可
URL https://bookteabed.com/ja/izuoshima/

voice 伊豆大島の古民家の特徴に、浴室が離れにあること、船底天井と呼ばれる船底を逆さにしたような形の屋根があることがあげられる。これらの特徴は、島京梵天にも残されているので、宿泊したらぜひチェックしてみよう。

元町
Motomachi Base
もとまち べーす

船の客室のような少人数貸し切り宿

世界の海を航海するクルーズ船のような客室。目が覚めたら新たな冒険が始まる感覚を島で味わってほしいという思いが形になった宿だ。少人数で貸し切ることができて自炊可能。宿を拠点に島の魅力を探しに行こう。

上／最大4名まで宿泊可能。キッチン付き　左下／室内には船のアイテムがあり客船にいるかのよう　右下／森と海をイメージした迷彩柄の外観

MAP 折り込み①C4　🚢 元町港から徒歩約5分　🏠 大島町元町2-6-14　📞 080-9021-6903　💰 素1万5000円〜（2名利用の場合）　🚗 あり（軽自動車のみ）　客室数 一棟貸し切り　カード 可　**URL** http://island-star-house.com/motomachi-base/

波浮港
露伴
ろはん

本に囲まれた大正ロマンな個性派宿

かつて多くの文豪が訪れた波浮の町にある、旅と本を楽しむ宿。宿名である「露伴」は、波浮に訪れた文人・幸田露伴とマンガのキャラクター岸辺露伴を合わせたもの。約5000冊の小説や漫画があり、本好きにはたまらない空間だ。

上／大正ロマンの雰囲気漂う書斎　左下／広めのキッチンがあるので自炊も可能　右下／客室は洋室と和室が1部屋ずつある

MAP 折り込み④D2　ℹ️ 波浮港から徒歩約8分　🏠 大島町波浮港14　📞 080-2742-0702　💰 素6000円〜　🚗 あり　客室数 2　カード 可　**URL** https://rohan.tokyo/

元町
Resort villa miko
りぞーと うぃら みこ

海が一望できるハイエンドな1日1組限定ヴィラ

水平線を眺めながらゆったりと流れる島時間に身を任せる……そんな贅沢なひとときを楽しめるハイエンドな貸し切り宿。全室オーシャンビューで1名から12名まで宿泊可。フルキッチンがあり、調味料も充実している。

上／海と山に囲まれてリゾート感を楽しめる　左下／全ての客室にベッドが配置　右下／バーベキュースペースは3000円から利用可能

MAP P.74A3　🚢 元町港から徒歩約8分　🏠 大島町元町字神田屋敷613-41　📞 (04992)7-5552　💰 素3万円〜（2名利用の場合）、朝食付き 3万2200円〜（2名利用の場合）　🚗 あり　客室数 一棟貸し切り　カード 可　**URL** http://villa-miko.jp/

波浮港
島の宿 近
しまのやど こん

美しい庭園が望める日本家屋

波浮港にある隠れ家宿。清潔感のある空間は居心地がいい。浴室の天井には新島のコーガ石を使用。タオルなどアメニティや、キッチン用品一式が用意されている。バーベキューセットのレンタル1回 3000円。

上／電動自転車を無料で貸してくれる　左下／縁側から庭園を望む　右下／ふたつある寝室はどちらも和室

MAP 折り込み④D2　ℹ️ 波浮港から徒歩約8分　🏠 大島町波浮港14　📞 090-4613-0731　💰 素1万4000円〜（2名利用の場合）　🚗 あり　客室数 一棟貸し切り　カード 可　**URL** https://www.shimanoyado-kon.com/

voice 元町地区は徒歩圏内に飲食店がたくさんあり、宿泊するのに便利なエリア。居酒屋やバー、スナックも多くあるため、お酒を飲んでも歩いて帰ることができるのがうれしい。島の居酒屋に行きたい人は、元町地区での宿泊がおすすめだ。

自分のペースで過ごせるのが魅力！
ぶらっとハウスで 島の食材を手に入れる！

乳牛が放牧された牧場に隣接した、島の農産物直売所「ぶらっとハウス」。島で作られた野菜や果物など季節の新鮮な食材が集まる。おみやげ探しにもおすすめ！

パッションフルーツ
300 円
南の国のイメージが強いパッションフルーツ。実は伊豆大島でも栽培されている。旬は7月から9月頃まで。甘味と酸味が口の中に広がる。

青トウガラシ
160 円
「島唐辛子」とも呼ばれる青トウガラシ。島では刺身を食べるときにワサビの代わりに青トウガラシを入れる。さっぱりとした辛さがクセになる。

明日葉
200 円
「今日つんでも明日芽が出る」と言われるほど生命力が強い野菜、明日葉。島人のソウルフードで、天ぷらやお浸しにして。

御神火レモン　500 円
通常のものよりも 1.3 ～ 1.5 倍ほど大きなレモン。酸味が少なめで、島では生レモンサワーやジェラート、ジャムなどに使われる。11 月から冬の間が旬。

明日葉めん
390 円
伊豆大島産の明日葉と海塩を使って作られた、鮮やかな緑色でコシのある麺。紅あずまや明日葉の天ぷらを乗せればおいしい天ぷらそばに。

大島牛乳
130 円／ 200ml
ぶらっとハウスの隣にある牧場で搾られた牛乳。かつて伊豆大島では水よりも牛乳のほうが多いといわれるほど乳業が盛んだった。すっきりとした味わい。

島素材のジェラート
ぶらっとハウスでは大島牛乳を使用したジェラートやソフトクリームを販売している。島で作られた海塩や椿の花びらジャムなど、伊豆大島ならではのフレーバーを用意。

紅あずま
200 円
火山島なので米が育ちにくい伊豆大島では、いも類がよく食べられていた。紅あずまや黄金千貫はほくほくとした食感で、天ぷらにするとおいしい。

烏骨鶏の卵
650 円
弾力があり濃厚な味が特徴。栄養価が普通の卵に比べて高い。おすすめの食べ方は卵かけご飯。青トウガラシ入りの醤油を少し垂らしてもおいしい。

MAP 折り込み③B1
交 大島空港から車で3分
住 大島町岡田字新開87-1
電 (04992) 2-9233
時 9:00～16:00
休 なし 駐車場 あり
URL https://burattohouse.com/

ぶらっとハウスにはイートインコーナーがあり、ジェラートやソフトクリーム、ドリンクなどをその場で飲食することができる。広大な大地と空を望みながら島の味を楽しもう。

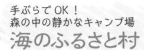

島のキャンプ場

自分のペースで過ごせるのが魅力！

伊豆大島には2ヵ所のキャンプ場がある。手つかずの自然を味わえる海のふるさと村と、三原山をバックに海を望むトウシキキャンプ場だ。のんびりとバーベキューをしたり、星空を眺めたり。贅沢な時間を満喫しよう。

手ぶらでOK！
森の中の静かなキャンプ場
海のふるさと村

海を望む景色が自慢！

森に囲まれた静かなキャンプ場。海を目の前にした開放的な眺望が魅力。テントや炊事セット、毛布などのレンタルがあるので、大量の道具を持ち込むことなく手ぶらでキャンプが楽しめる。なお、食料は町なかで調達しておこう。予約すれば大島公園バス停まで無料送迎がある。予約受付開始は利用日2ヵ月前の1日から。

設備リスト

シャワー（温水）
トイレ
炊事場
野外テーブル
バーベキューセット
食器セット
テントレンタル（有料）
毛布レンタル（有料）
ファイヤーサークル
テニスコート
プール（夏季のみ）

右上／6人用のデッキテント 4000円もある　右下／ロッジでの宿泊も可能　左下／更衣室も完備している　中／キャンプファイヤーやテニスコート

MAP P.37　**交** 🚍 大島公園から送迎バスで約20分　**住** 大島町津字原野2-1　**☎**（04992）4-1137（8:30～17:00）　**料** テントサイト 200円/テントレンタル2000円～、ロッジ素2000円～　**予約** 必要　**駐車場** あり
URL https://www.soumu.metro.tokyo.lg.jp/11osima/umifuru/index.html

トウシキ遊泳場まで徒歩圏内
三原山と海の絶景を望むキャンプ場
トウシキキャンプ場

広々とした芝生でくつろごう

サンライズとサンセット、両方が楽しめるキャンプ場。こちらのキャンプ場は、冷水シャワー、道具のレンタルなどはなしと、どちらかというと玄人向け。しかし、スノーケリングスポットとして人気のタイドプール、トウシキ遊泳場まで徒歩圏内で、自然を満喫したい人にはぴったりだ。車で5分圏内に商店がいくつかあるので、食料調達には困らない。テント、寝袋、食材、食器類は持参しよう。視界を遮るものがないため、条件が合えば夜には満天の星が見られる。

設備リスト

シャワー（冷水）
トイレ
炊事場
キャンプファイヤー

右上／晴れた日には伊豆諸島が見える　左／広々とした炊事場　左下／サザエや地魚の海鮮バーベキュー

MAP 折り込み④A3　**交** 🚍 波浮港から車で約5分　**住** 大島町差木地　**☎**（04992）2-1446（大島町役場観光課　施設管理係）　**料** 無料　**予約** 必要（平日の8:30～17:15に電話にて）　**URL** https://www.town.oshima.tokyo.jp/

焚き火台レンタルで
キャンプがさらに盛り上がる！

シェアハウスのクエストハウスは、焚き火台レンタル1500円/24時間を行っている。島内で薪の販売は行われていないため持ち込むか、海にある流木を使用しよう。

MAP P.74B3　**交** 🚍 元町港から車で約3分　**住** 大島町元町家の上416-4　**☎** 080-4349-4424　**URL** https://izuooshima.questhouse.atislands.com/

Voice 星空観測をするなら天気だけではなく、月齢カレンダーもチェック。満月付近は明るく星が見にくいため、新月または新月に近い日程を狙おう。日中は暖かくても夜は冷え込むので、星空観測は温かい服装で。

元町

割烹 市松
かっぽう いちまつ

上質な島料理を味わえる和風居酒屋

毎朝仕入れる新鮮な地魚が自慢。ワサビの代わりに青トウガラシを使用する刺身は島ならでは。むろ鯵たたき揚げ 880 円や明日葉と島のり炒め 660 円といった島料理も存分に味わえる。個室も 2 室あり、落ち着いて食事したい人にもおすすめ。予算は 1 人 3000 〜 5000 円ほど。

大島といえばべっこう寿司!

1、**2** 入ってすぐはテーブル席とカウンター席で構成されたにぎやかな空間。奥に個室がある **3** べっこう寿司(5貫)990 円。日によってネタの魚は変わる **4** 盛り合わせ一人前 1980 円。サビ(クロシビカマス)やアオダイなどの地魚も

MAP 折り込み①D4　**交** 元町港から徒歩で約10分
住 大島町元町3-6-4　**電** (04992)2-0555
時 17:30 〜 22:00(L.O.21:00)　**休** 日・月　**駐車場** あり

新鮮な海の幸・山の幸を堪能あれ
島で人気のレストラン

大島には旬の食材を扱ったおいしい食事処がめじろ押し! 魚の切り身を青トウガラシ醤油につけたべっこう寿司や、明日葉を使った一品は食べ比べするのも楽しい。

元町

居酒屋 島
いざかや しま

充実の居酒屋メニューでワイワイ楽しむ

スナックが多く集まる元町の繁華街にあり、いつも地元客でにぎわう人気店。お座敷中心で気取らずに島居酒屋の雰囲気を味わえる。あげだしどうふ 715 円はだしの代わりに青トウガラシをつけた醤油を用い、ピリ辛でお酒が進む一品。青とう風味唐揚げ 715 円もおすすめ。

この辛さがクセになる

1 明日葉青とう風味チャーハン 880 円
2 座敷中心でリラックスした雰囲気。客層も若め
3 立地もよく、ふらっと立ち寄りやすい
4 定番のあげだしどうふも特製だれでピリ辛風味

MAP 折り込み①C3
交 元町港から徒歩約3分　**住** 大島町元町1-8-2
電 (04992)2-3556　**時** 17:30 〜 21:30(L.O.20:30)　**休** 日曜　**駐車場** なし

voice 居酒屋 島の周辺は元町のスナックが多く集まる繁華街となっている。ディープなスナック体験も島旅の醍醐味かも!? 初心者にも優しい編集部おすすめのスナックは P.70 を参考に。

港の食堂 Bistro U・TO
みなとのしょくどう びすとろ う・と

島の食材を洗練されたフレンチに昇華

「島の人にも観光の人にも新鮮に感じてほしい」と島の旬の食材を中心にフレンチベースの料理を提供。メニューは予算に応じた6600円〜のおまかせコースのみ。メインは魚料理が主だが、希望があれば肉料理に変更も可能。グラスワイン715円〜、ボトル3300円〜。要予約。

特別な夜は美食で乾杯

3

1 タイミングが良ければ筆島の湧き水が味わえる
2 照明を落とした、ゆったりとした空間
3 おまかせコース6600円。バゲットは別途385円

MAP 折り込み①C3
交 元町港から徒歩約1分 **住** 大島町元町1-9-4 2F
電 080-7934-2244 **時** 18:00 〜 22:00
休 不定休 **駐車場** なし

海鮮茶屋 寿し光
かいせんちゃや すしこう

20年以上続く郷土料理店

カウンターからテーブル席、座席などがある広々とした店内は、いつも大にぎわい。人気の秘密は、鮮度のよい島の食材と素材を知り尽くした大将の熟練の技。地魚の刺身の盛り合わせ1800円〜やべっこう寿司1400円、明日葉天ぷら600円などが人気だ。

ウワサの島名物!

2

3

1 約30人が座れる座席の部屋。窓の外には元町港が見える
2 郷土料理べっこう寿司。味がついているのでそのまま食べる
3 地魚のクロシビカマスの寿司、ゴジラ寿司は冬が食べ頃

MAP 折り込み①C3
交 元町港から徒歩約3分
住 大島町元町1-4-7
電 (04992)2-0888
時 11:00 〜 14:00、17:00 〜 22:00(L.O.21:00)
休 なし **駐車場** あり

ピザよし びざよし

名店で修業を積んだピザ職人の本格イタリアン

故郷の島で飲食店を開くために、都内・広尾にあるナポリピッツァの有名店で修業を重ねたピザ職人の店。旬な食材をふんだんに使い、薪窯で焼くできたてのピッツァが自慢。入荷があれば島の新名物・かめりあ黒豚の肩ロースステーキも登場する。島の柑橘類を使用した自家製リキュールのお酒など飲み物も豊富だ。

焼きたてをどうぞ!

2

3

1 10種類以上のピッツァ1200円〜とかめりあ黒豚肩ロースステーキ1200円
2 ピッツァを焼く瞬間はまさに真剣勝負
3 店内は広々とした明るい空間

MAP 折り込み③B2
交 元町港から車で約5分
住 大島町元町字風待31-279
電 (04992)7-5575
時 11:30 〜 14:00(L.O.13:30)、18:00 〜 22:00(L.O.21:00)
休 水曜(不定休)
駐車場 あり

---

voice 明日葉のキッシュやくさやのパウンドケーキなど他では味わえない遊び心ある一品にお目にかかれるBistro U・TOは予約必須。特別な島の夜を過ごそう。

サクッとした食感！

1 椿オイル入りバターを添えたトースト 450円
2 ひとり旅にも嬉しいゆとりあるカウンター席がある
3 ピスタチオグリーンのソファがおしゃれ
4 波浮港の町並みに溶け込む一軒家カフェ

☕ 波浮港

Hav Cafe はぶ かふぇ

世界を巡るジャーナリストが開くカフェ

90ヵ国以上巡ったトラベル・ジャーナリストの寺田直子さんが、レトロな趣が残る波浮の港町に古民家カフェをオープン。全国から厳選したコーヒー豆で入れるこだわりのドリップコーヒー 690円や本場イタリア・ナポリから空輸したエスプレッソ 450円が楽しめる。波浮の町歩きに疲れたら立ち寄ってほっとひと息つこう。

MAP 折り込み④C2 　交 ❶ 波浮港から徒歩1分
住 大島町波浮港1 　電 (04992)7-5845
時 10:00 〜 17:30
休 水〜金曜 　駐車場 なし

日常をしばし忘れて至福のひとときを
のんびり島カフェ

個性的な店主が出迎える島カフェは旅のオアシス。都会では得られないゆったりとした空間で、島で取れた新鮮な野菜や果物を使ったメニューを楽しめるのがうれしい。

1 2名席中心の落ちついた雰囲気
2 暖かな明かりの中で穏やかなひとときを
3 ウェブ予約で島食材使用の和朝食 1200円も食べられる
4 マフィンの他に米粉のクレープ 660円などがある。メニューは季節によって異なる

やさしい味わい

☕ 岡田

島ぐらしカフェ chigoohagoo
しまぐらしかふぇ ちぐはぐ

慌ただしい日常から、つかの間の逃避行

岡田の集落にある一軒家カフェ。忙しく生きる人々が自分の時間を大切にし、自身と向き合える場所にしたいという思いで始まった。国産小麦粉やきび砂糖で作るマフィン 480円など、体に優しい素材を用い手作りにこだわる。カフェの隣にある「kakukaku 画廊」は、島のクリエイターが作る雑貨を中心に販売。

MAP 折り込み②B2 　交 岡田港から徒歩約2分
住 大島町岡田3
時 7:30 〜 11:00、16:00 〜 20:00（季節により異なる）
休 不定休 　駐車場 あり

voice カフェや喫茶店には駐車場や駐輪場がないことがある。その場合は公共施設の駐車場を利用するか、店のオーナーに駐車・駐輪スペースを確認しよう。

☕ 波浮港

島京梵天 とうきょうぼんてん

島素材で作るこだわりのたい焼き

風情ある波浮港地区の一角にある古民家を利用したカフェ。名物は、大島の塩、牛乳、地卵で作るたい焼きで、定番の粒あん、カスタードなどのスイーツ系からハムチーズマヨ各300円など種類豊富。もちもちした生地がクセになる冷たい明日葉たい焼き300円もぜひ。

大羽根がクリスピー！

MAP 折り込み④C2　交 ❶ 波浮港から徒歩約5分
住 大島町波浮港6　電 (04992)4-1567
時 11:00 〜 17:00　休 月・火曜　駐車場 なし
カード 可

■1 120年の歴史をもつ古民家で、島の時間を過ごそう
■2 たい焼きはタイミングがよいと大羽根付きになることも
■3 2022年に店内がリニューアル

🍵 元町

観光喫茶MOMOMOMO
かんこうきっさもももも

窓から山と海を見渡せる喫茶店

心あたたまるサービスが評判の島人が営む喫茶店。スピーカーからレコードの音楽が鳴り響くレトロな雰囲気で、島人の憩いの場となっている。モーニングセットはドリンク代+200円でトースト、サラダ、卵、ニンジンジュースがついておトク。大島の郷土菓子、かしゃんばのセット700円もぜひご賞味あれ。

どの食器かお楽しみ♪

MAP 折り込み①C2
交 ❶ 元町港から徒歩1分
住 大島町元町1-17-2旭売店2F
電 090-5319-3902
時 6:00〜18:00
休 不定休
駐車場 なし

■1 島の名産・御神火レモンを使ったパウンドケーキセット750円
■2 多種類のカップが揃っており、見ているだけでも楽しい
■3 あんこ一刀彫り人形など島で生まれた作品を展示

フルーツたっぷり！

☕ 差木地

島里なばな食堂
とうりなばなしょくどう

夫婦で営む「好き」が詰まった憩いの場

40年以上この地でスーパーを営んできた夫婦が「アウトドア」「音楽」「人との交流」「星空」と自分たちの好きなものを詰め込んだカフェをオープン。ランチは不定期でメニューが変わり何が食べられるかはそのときのお楽しみ。店内は音響設備が整っており、ライブなども開催されている。

MAP 折り込み④C3　交 ❶ 波浮港から車で約3分
住 大島町差木地字クダッチ1017-13
電 090-5406-3738
時 木〜金曜 14:30 〜 18:00、土〜日曜 12:00 〜 18:00
休 月〜水曜　駐車場 なし(貝の博物館利用)

■1 さまざまな場所を渡り歩く夫婦が見てきた世界を空間に表す
■2 レトロなアメリカン雑貨の販売も行う
■3 季節のパフェ1580円には旬のフルーツがたっぷり

---

voice　島京梵天はたい焼きだけでなく、明日葉オレ500円やチャイ500円、ジンジャエール150円などドリンク類も豊富。またアルコールも提供しており、たい焼きをおつまみにビールや日本酒を楽しむのも乙なものだ。

歌って踊って、ママとおしゃべり！
島でスナックデビュー

島の夜は早い。しかし夜がふけるにつれにぎわう場所がある。
それは、スナック。
勇気を出してドアをたたけば目くるめく世界が待っている。

アンコ〜便りは〜
あぁ　片便りぃ〜

勇気を出して飛び込めば
そこは人情あふれる島人ワールド

　スナックは、伊豆大島の文化のひとつと言ってもいいだろう。居酒屋の閉店は20時頃と早く、カラオケボックスは島に1軒のみ。島人にとっては、スナックは夜、お酒を飲んで歌い、人と触れ合える、大切な憩いの場所なのだ。スナックが集中するのは元町の通称「親不孝通り」。ここには、この道20年というベテランママのスナックから、2018年にオープンしたスナックまで、数軒のスナックが点在する。それぞれ雰囲気が異なるので、各店舗のディープ度を参考に訪れてみてほしい。島のスナックはフレンドリーだ。常連さんからさまざまな島の情報を聞くこともできるだろう。

スナックを楽しむ掟

1. 予算は1人3000円〜
   スナックには基本的にメニューがない。3000円〜のセット料金。相場は1人5000円くらいと考えておくといい。

2. お支払いは現金で
   スナックではほぼクレジットカードは使えない。現金を準備しておこう。

3. カラオケは譲り合い
   ひとりでカラオケを独占するのはNG。ほかのお客さんと譲り合って曲を入れよう。

4. 島の人々との触れ合いを楽しもう
   お客さんのほとんどは島の常連さん。思い切って話しかければ島のさまざまな情報を教えてくれるかも。

スナックエム

隠れ家的なスナックで、ゆったりと過ごす

「親不孝通り」にある白い建物の奥にひっそりとたたずむ隠れ家のような店。笑い声がチャーミングなママが出迎えてくれる。ぶたモツ焼きや味噌ラーメンなどがあり、料理を目当てに訪れる人も。早めに閉店する日もある。

MAP	折り込み①C3
交	元町港から徒歩約3分
住	大島町元町1-8-2
電	(04992)2-2820
時	19:00〜翌1:30
休	不定休　駐車場 なし

店内はカウンター5席にテーブル席ふたつとこぢんまり

差木地

アンジェリカ

おいしいご飯が人気の南部のたまり場

　島の南部にある数少ないスナック。島人だけでなく観光客も多いので初心者でも入りやすい。居酒屋を営んでいた元気いっぱいのママが開いた開放的な雰囲気で、メニューには値段も掲載されている。

MAP	折り込み④B3
交	波浮港から車で約5分
住	大島町差木地クダッチ
電	(04992)4-1010
時	20:00〜24:00
休	水、木曜(不定休)
駐車場 あり	URL https://peraichi.com/landing_pages/view/snack-angelica

来店前に電話で営業確認を

伊豆大島のスナックはフードメニューが豊富な店が多い。週末や夏季などの繁忙期は、飲食店がすぐに満席になるため、スナックで食事を取るのも手。スナックが混み始めるのは20時頃なので、その前に足を運ぼう。

初めてでも行ける！ 愛犬と島旅へ

実は愛犬とともに、伊豆大島へ行けることをご存じだろうか。
船も宿も飲食店も、ペットフレンドリーの場所がある。島の大自然をペットと一緒に満喫しよう！

一緒に旅行うれしいな♪

差木地

Stay **ASOVILUX** あそびるくす

愛犬とともに過ごす、をコンセプトとした一棟貸し切り宿。目の前に広がる海を見ながら愛犬とともにゆっくり過ごすことができる。犬用のお皿やトイレなど犬用アメニティもあるため、最低限の荷物で旅に出られる。広々としたダイニングキッチンがあり自炊も可能。

MAP P.90A3 交 波浮港から車で約6分 住 大島町差木地113-1 電 080-8088-7396 料 素 2万3100円〜（2名〜宿泊可能） 駐車場 あり 客室数 一棟貸し切り カード 可 URL https://asovilux.jp/

左／ベッドルームには愛犬用のケージも　右上／犬はどの部屋にも入ることができる　右下／島料理をテイクアウトし宿でゆっくり過ごすのも楽しい

元町

Pet Friendly **36CAFE** 36 かふぇ

日替わりでエスニック料理を中心にランチを提供するカフェ。タイカレー各種 1000 円やフォー 1000 円、フレッシュなスムージー 480 円も人気。愛犬と一緒の場合はテラスを利用する。

MAP P.74B2 交 元町港から車で3分 住 大島町元町馬の背262-13 電 080-7403-3030 時 10:30 〜 18:00 休 不定休 駐車場 あり

オープンエアが気持ちいい

岡田

Pet Friendly **STARFISH AND COFFEE** すたーふぃっしゅ あんど こーひー

岡田港からすぐ近くにあるスタイリッシュなカフェ。地魚を使ったフィッシュバーガー 750 円が人気。愛犬と店内で過ごせる。テイクアウトをして近くのビーチで食べるのもおすすめ。

MAP 折り込み②B1 交 岡田港から徒歩1分 住 大島町岡田6 電 (04992)7-5871 時 10:00 〜 16:00 休 火曜 駐車場 なし URL https://starfishandcoffee.website/

週末限定の特製島のり弁当 1000 円も人気

Access with Dogs
愛犬を島に連れて行くには？

愛犬と一緒に伊豆大島に行くのなら、東海汽船の大型客船、またはジェット船を利用しよう。大型客船は一辺 45cm 以内のケージまたはカゴに入るサイズの犬、ジェット船はケージに入れた小型犬のみ受け付けている。

大型客船「さるびあ丸」のペットルーム

◆運 賃
- 東京ー大島　2000 円
- 熱海ー大島　1150 円

◆注 意
- 船上ではケージまたはカゴからペットを出すことはできない
- 大型客船でペットルームを利用する場合は船内案内所で手続きをする
- トートバッグなど開口部が閉まらないものは預かり不可
- 混雑時には断られることもあるので注意

◆島内移動
愛犬と島内を移動する場合はレンタカーがおすすめ。ケージやカゴから愛犬を出さなければ乗車OK というレンタカー会社がほとんどだ。

いや〜
最高っす

活火山の恵みを堪能！
島の湯巡り

今なお活発に活動を続ける火山をもつ伊豆大島の楽しみのひとつが温泉。島で気軽に寄れる個性的な3つの温泉をご紹介。

島にこんこんと湧き出る湯。それは火山の恵み

早朝、大型客船で島に到着し、行動を開始する前に愛らんどセンター御神火温泉でひとっ風呂。そんな贅沢な過ごし方ができるのは大島ならではだ。夕暮れ時には海に面した露天風呂、浜の湯で夕日を見ながらのんびりと。三原山を正面に望む露天風呂が自慢の、大島温泉ホテルに宿泊し、温泉三昧を楽しむのもおすすめだ。

青い海を望む浜の湯。爽快な湯浴みを楽しんで

元町
♨ 元町 浜の湯
もとまち はまのゆ

潮風が旅の疲れを癒やす
絶景の露天温泉

長根浜公園にある公共の露天温泉。1986年の三原山噴火のあとに湧出した湯を利用し、背後に三原山、正面に富士山や伊豆半島を望む絶景温泉として知られている。おすすめは夕方。はるか水平線に沈む夕日が海と空を赤く染める光景は、旅のよい思い出となるだろう。

源泉
掛け流し！

1 湯温は46度と高め。泉質はナトリウム−塩化物泉
2 入浴料は前払い。内湯と洗い場はないので注意
3 男女混浴のため脱衣所で水着を着用する

MAP 折り込み①B1 **交** 元町港から徒歩約3分 **住** 大島町元町字トンチ畑 **電** (04992)2-2870 **時** 13:00〜20:30(土・日曜、祝日10:30〜) **休** なし **料** 大人 300円

voice 大島温泉ホテル以外にも温泉を引いている宿がいくつかある。例えば、元町にある「湯の宿くるみや」や「ホテル白岩」「ホテル赤門」などは源泉掛け流しの湯が楽しめる。「湯の宿 くるみや」では日帰り入浴が可能だ。

ジャクージで
リラックス♪

元町

愛らんどセンター 御神火温泉
あいらんどせんたー　ごじんかおんせん

**島人にも愛される
伊豆大島の健康ランド**

　男女別の浴室やジャクージ、打たせ湯、サウナなどを完備した温泉施設。その他、温水プールや、大型客船が早朝に到着する日は 6:30 から営業する喫茶コーナーなども用意。フェイスタオルの販売やバスタオルの貸し出しを行っているため、手ぶらで立ち寄ることが可能だ。

1 温泉の効能は疲労回復など。旅の疲れをここで癒やそう
2 温水プールがあり多くの島人が泳ぎに訪れる
3 座敷の休憩エリア。食堂で購入した食べ物はここで食べられる
4 水着・ダイビングスーツ着用での入場は禁止されている

MAP 折り込み①B1　元町港から徒歩約5分　大島町元町仲の原1-8　(04992)2-0909　9:00 〜 21:00、夜行便が到着する日は6:30 〜（7月26日〜8月31日は5:30 〜）　大人710円、小・中学生 300円　第2水曜・木曜日（2、3、8月は不定休）

風が
気持ちいい〜

 三原山

三原山温泉 大島温泉ホテル
みはらやまおんせん　　おおしまおんせんほてる

**雄大な三原山を眺めながら楽しむ
源泉掛け流しの温泉**

　大島温泉ホテルに併設されている温泉で、日帰り入浴が可能。内風呂と露天風呂があり、露天風呂からは深く濃い緑色をした森と三原山の勇姿を堪能できる。晴れていれば夜は頭上に満天の星が広がる。春先には、オオシマザクラが森を白く染めあげる様子を露天風呂から見ることができる。

MAP P.82B1　三原山温泉下車すぐ　大島町泉津字木積場3-5　(04992)2-1673　6:00 〜 9:00、13:00 〜 20:00　大人800円 小・中学生400円　なし（臨時休業あり）
URL www.oshima-onsen.co.jp

1 屋上にはテラスも。景色をのんびり眺めよう
2 火山島ならではの荒々しい景色からエネルギーを感じる
3 熱めのお湯を楽しみたいなら内風呂へ
4 6:00 オープンなので早朝から使用できる

voice 夜行船で来島した際にぜひ利用したいのが、大島温泉ホテルの朝食休憩プラン。6:00 から三原山温泉が利用でき、7:00 〜 9:00 の間は朝食も付いている。予約が必要。料金は食事、入浴込みで大人 2100 円、子供 1700 円。

船が発着する大島の中心地

元町
もと　まち

港がある元町は伊豆大島の中心地。港周辺には食堂、居酒屋、みやげ店、スーパー、スナックなどが並び、民宿やホテルも集中している。

📷 観る・遊ぶ

**見どころが点在する
島の中心地**

　元町港を中心に商店や飲食店が並ぶ。火山博物館や郷土資料館など、伊豆大島の誕生や歴史を知るスポットもあるので、まずそこで島について学んでから観光に出かけよう。少し足を延ばせばサンセットパームラインや赤禿なども。特に赤禿から見る夕日は格別だ。周辺には、富士山や伊豆半島を望む絶景スポットも。夏には弘法浜が海水客でにぎわう。

🍜 食べる・飲む

**老舗から新店舗まで
島のグルメが集結**

　元町は食堂や居酒屋、レストラン、カフェなど幅広く集まっているエリア。べっこう丼や明日葉料理など島の郷土料理が食べたければまずここへ。またイタリアンやタイ料理、フレンチなどさまざまなジャンルのレストラン、夜派にうれしいスナックやバーも点在する。観光客だけではなく地元客も多く訪れるので、週末や繁忙期は予約が必須だ。

🎁 買う

**椿油をはじめ
島の特産品が揃う**

　元町港周辺には商店が密集しているので、おみやげ探しならここで。おみやげ店にはお菓子から食材、焼酎まで伊豆大島の名産など、定番のおみやげはもちろんのこと「えびすや土産店」が作る手焼きの牛乳せんべいや「阿部森売店」でしか販売していない椿油などの限定物に注目だ。ショップが作るオリジナルデザインのマッチも探してみて。

🏠 泊まる

**民宿やホテルなど
選択肢が豊富**

　老舗の旅館やホテル、民宿が立ち並ぶ。地魚や地元の食材を使った料理を食べたい人には、料理自慢の旅館や民宿の滞在がおすすめ。またバリアフリーのホテル、リゾートホテルなどもあり、宿泊施設の選択肢は豊富だ。近年、ゲストハウスが増えており、元町周辺にも集中する。宿が集中するエリアだが繁忙期や週末の宿泊は早めに予約を。

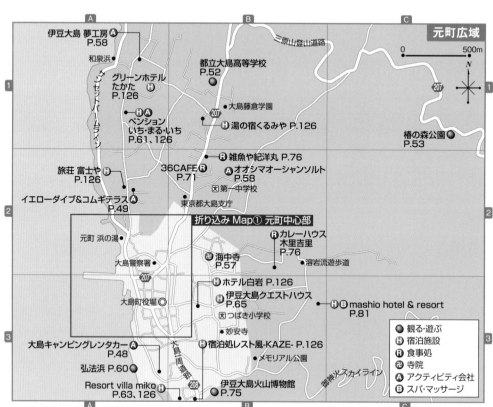

元町広域

0　　　　500m

- 伊豆大島 夢工房Ⓐ P.58
- 和泉浜
- グリーンホテルたかた P.126
- ペンションいち・まる・いちⒽⒶ P.61、126
- 都立大島高等学校 P.52
- 三原山登山道路
- 大島藤倉学園
- 湯の宿くるみやⒽ P.126
- 椿の森公園 P.53
- 雑魚や紀洋丸 P.76
- 36CAFEⓇ P.71
- オオシマオーシャンソルトⒶ P.58
- 旅荘 富士やⒽ P.126
- イエローダイブ＆コムギテラスⒶ P.49
- 第一中学校
- 東京都大島支庁

折り込み Map① 元町中心部

- 元町 浜の湯
- 大島警察署
- 海中寺 P.57
- カレーハウス木里吉里Ⓡ P.76
- 溶岩流遊歩道
- ホテル白岩Ⓗ P.126
- 伊豆大島クエストハウス P.65
- 大島町役場
- つばき小学校
- mashio hotel & resortⒽⒷ P.81
- 妙安寺
- 大島キャンピングレンタカーⒶ P.48
- 宿泊処レスト風-KAZE- P.126
- メモリアル公園
- 弘法浜 P.60
- Resort villa miko P.63、126
- 伊豆大島火山博物館 P.75
- 御神火スカイライン

凡例：
- ● 観る・遊ぶ
- Ⓗ 宿泊施設
- Ⓡ 食事処
- 🏯 寺院
- Ⓐ アクティビティ会社
- Ⓑ スパ・マッサージ

具合が悪いと思ったら元町港から車で2分の場所にある「大島医療センター」へ。坂の途中にあるためタクシーで行くのが無難だ。予約をしてから向かうとスムーズだ。外来は9:00～12:00、13:30～15:30が受付時間。

📷 博物館　　エリア 元町　　MAP P.74B3

伊豆大島火山博物館
いずおおしまかざんはくぶつかん

世界でも有数の火山専門の博物館

　三原山をはじめ世界の火山について学べる博物館。火山の成り立ちを、展示やフィクション映像で紹介している。伊豆大島の噴火の歴史や火山噴火の仕組みについて学べる。

上／日本が火山の島だということがわかる　左下／噴火により、樹木の形を残したまま冷え固まった溶岩　右下／地層大切断面の剥離標本が展示されている

🚗 元町港から車で約3分　🏠 大島町元町神田屋敷 617
📞 (04992)2-4103　🕐 9:00 ～ 17:00　📅 なし（毎年 11 日間臨時休業あり）　💴 500 円（小・中学生 250 円）　🅿 あり
URL www.izu-oshima.or.jp/work/look/kazan.html

📷 資料館　　エリア 元町　　MAP 折り込み③ A2

伊豆大島郷土資料館
いずおおしまきょうどしりょうかん

奥深い伊豆大島の歴史を知る

　伊豆大島の自然や文化を中心に資料を展示する博物館。島の厳しい自然を生き抜いた人々の生活を詳しく説明。隣接して島の古民家があり、島人の暮らしを再現している。

上／600 点以上の展示物　左下／100 年ほど前の家　右下／島の知られざる歴史を学ぼう

🚗 元町港から車で約7分　🏠 大島町元町地の岡 30-6
📞 (04992)2-3870　🕐 9:00 ～ 16:30　📅 なし
💴 200 円（小学生 100 円）　🅿 あり
URL www.izu-oshima.or.jp/work/look/siryou.html

📷 景勝地　　エリア 野増　　MAP 折り込み⑥ A2

カッパの水の伝説
かっぱのみずのでんせつ

飲むと引き込まれる？カッパの池

　大島一周道路沿いにある池。一見普通の池だが、カッパが女性を池に引き込んだという恐ろしい昔話が言い伝えられている。どんなにのどが渇いても、池の水は飲まないように。

🚗 元町港から車で約15分　🏠 大島町野増字千波　🅿 なし

📷 景勝地　　エリア 元町　　MAP 折り込み③ A2

赤禿
あかっぱげ

水平線に沈む夕日が見られる絶景スポット

　溶岩の粒が降り積もりできた赤い丘。「夕日の丘」と名付けられるほど、ここから見る夕日は美しい。日中は伊豆半島の大パノラマを眺望でき、多くの観光客が訪れる。

🚗 元町港から車で約7分　🏠 大島町元町赤禿　🅿 なし

📷 景勝地　　エリア 野増　　MAP P.36

地層大切断面
ちそうたいせつだんめん

高さ約 24m、長さ 630m の巨大な地層

　地層がいくつも重なっている見た目から、別名、バームクーヘンと呼ばれる地層大切断面。大島一周道路に突如現れるこの自然な壁は、約 2 万年以上前より積み重なりできあがった。大自然の造りあげた造形を見に行こう。

上／道路建設工事中に発見　左下／バス停もバームクーヘン　右下／長い歴史が重なる

🚗 元町港から車で約 12 分　🏠 大島町野増　🅿 なし

voice 伊豆大島が日本より独立を試みていたことをご存じだろうか。1946 年に、連合軍総司令部 (GHQ) によって日本から切り離されたことにより、独立を試みた。しかし GHQ の指令が修正され、日本に戻ったため遂行されなかった。郷土資料館にその記録が残る。

75

郷土料理　エリア 元町　MAP P.74B2

雑魚や 紀洋丸
ざこや ぎょうまる

大島のグルメ選手権2連覇の人気店

　魚介類をはじめとした郷土料理を提供。べっこう丼1550円や一番人気のザコ定食などの一部メニューは夜も同料金とお得。大島の食材を使ったグルメ選手権「C級グルメ選手権」に出場し、第1回、第2回と第1位を獲得した実力店だ。

上／ボリュームたっぷりのザコ定食1950円　左下／店内は広々　右下／どこか南国風情な店構え

🚍 元町港から車で5分　🏠 大島町元町馬の背
☎ (04992)2-1414　🕐 11:30～13:30、17:30～20:00
休 不定休　🅿 あり

郷土料理　エリア 元町　MAP 折り込み① B2

飲食店・かあちゃん
いんしょくてん・かあちゃん

豪華サザエ入りの磯ラーメン！

　看板メニューはサザエやイカなど海の幸がたっぷり入った味噌しょうゆベースの磯ラーメン880円。イセエビの味噌汁が付くべっこう寿司1100円も人気だ。島の新鮮な魚介を味わえるお店だ。

🚍 元町港から徒歩約1分　🏠 大島町元町1-17-9　☎ (04992)2-1127　🕐 10:30～15:00　休 火曜　🅿 なし

居酒屋　エリア 元町　MAP 折り込み① C3

炭火焼 居酒屋 六輪
すみびやき いざかや ろくりん

島内で唯一、七輪で炭火焼きを楽しめる居酒屋

　2022年7月にオープンした炭火焼き居酒屋。大島の魅力が映し出された浮世絵風の壁絵が印象的だ。静岡県産ブランド牛・あしたか牛の特選三種盛り2700円が人気。今後は海鮮類も出す予定だ。

🚍 元町港から徒歩約3分　🏠 大島町元町1-5-2　☎ (04992)7-5315　🕐 11:00～14:00 (L.O.13:30)、17:00～22:00 (L.O.21:00) ＊時期によって異なる　休 火曜　🅿 あり

串焼き　エリア 元町　MAP 折り込み① C3

炭火焼肉 駅
すみびやきにく えき

島の食材を使った串焼き専門店

　バジルの代わりに明日葉をペースト状にしたささみ明日葉焼や大島産のトマト「あまっこ」を使ったトマトベーコン巻など、地元食材をふんだんに使用。串焼きは1本150～420円ほど。要予約。

上／一串ずつていねいに焼いてくれる　左下／店主におすすめを聞こう　右下／カウンター11席＋ちゃぶ台席

🚍 元町港から徒歩約5分　🏠 大島町元町2-5-8　☎ (04992)2-0137　🕐 16:00～20:00　休 不定休　🅿 なし

カレー　エリア 元町　MAP P.74B2

カレーハウス木里吉里
かれーはうすきりきり

オーガニック食材や島の素材で作る、カレーライスやピザの店

　林の中にあるカレーハウス。チキン、ひよこ豆、エビの3種類が楽しめる3種カレーセット1800円は満足感たっぷり。自家製天然酵母の生地で作るピザは4種類。乳製品を用いないローブラウニー500円などのヘルシーメニューも。

上／カレーとピザのセット4600円（2名分）左下／木のぬくもりを感じる　右下／地図アプリでは見つけにくい

🚍 元町港から車で約5分　🏠 大島町元町出払417-9
☎ 080-3409-9356　🕐 11:30～17:00（事前予約必須）　🅿 あり　休 火・水　URL https://kirikiri-oshima.shopinfo.jp

Voice 元町では近年、続々と飲食店がオープンしている。ラーメン屋「中華そば すする」や焼き鳥屋「焼鳥 三年目 J Soul Brothers 伊豆大島店」、パスタハウス「洋麺処 Motto」、カジュアルイタリアン「restaurant&bar waka」などだ。チェックしてみよう。

肴や （さかなや）

居酒屋　**エリア** 元町　**MAP** 折り込み① C4

郷土料理から居酒屋メニューまで豊富

　新鮮な魚介の刺身 600 円～や、くさや 800 円、海老とあしたばのかき揚 800 円など郷土料理が充実。その他にとり唐揚げ 600 円など居酒屋メニューも揃っている。テーブル席とカウンター席が用意されている。

左／5 名座れるテーブル席　右上／島で取れた食材を使った料理　右下／格子状の入口が目印

🚶 元町港から徒歩約5分　🏠 大島町元町2-3-3　☎ (04992)2-4555　🕐 17:00～22:00 (L.O.21:30)　休 月曜　駐車場 なし

四季の味 まんたて （しきのあじ まんたて）

郷土料理　**エリア** 元町　**MAP** 折り込み③ A2

ボリューム満点！　島人に愛されるお店

　大島で取れる四季折々の食材を使ったメニューが人気。島トウガラシ入りのデンジャラス生姜焼き 1750 円や島の豆腐や、メジナ唐揚げポン酢添 750 円など、ユニークなメニューが並ぶ。その日のおすすめメニューにも注目。

上／裏メニューのふわふわな食感の黒バラのりおむすび 1600 円　左下／新鮮な魚介を使った料理も　右下／木のぬくもりあるお店

🚶 元町港から車で約10分　🏠 大島町元町字野地631-1　☎ (04992)2-0007　🕐 11:00～14:00 (L.O.13:30)、17:30～21:00 (L.O.20:00)　休 火曜 (不定休)　カード 可　駐車場 あり

魚味幸 （うみさち）

郷土料理　**エリア** 元町　**MAP** 折り込み① D2

島人にも愛される旬の地魚に舌鼓

　35 年以上続く居酒屋。店名のとおり、新鮮な季節の海鮮物を地物中心に取り揃える。豆腐ステーキ 600 円は常連に人気。カウンター席もあり、ひとり客でも入りやすい雰囲気だ。

上／尾赤ムロの刺身 600 円　左下／店はいつも常連でにぎわう　右下／予約がベターだ

🚶 元町港から徒歩約6分　🏠 大島町元町4-10-3　☎ (04992)2-2942　🕐 18:00～22:30 (L.O.21:30)　休 日曜、第4月曜　駐車場 あり

つばき寿司 （つばきずし）

寿司　**エリア** 元町　**MAP** 折り込み① D2

島で数少ない寿司専門店のひとつ

　魚味幸の 2 階にある寿司専門店。大島名物べっこう寿司 1600 円のほか、べっこう寿司が 2 貫入った地魚にぎり（10 カン）1600 円や、べっこう丼 1600 円が人気。島で取れたイセエビがのった伊勢海老天丼 3600 円は要予約。

上／べっこう寿司 1600 円　左下／シックな内装。カウンターとテーブル席が選べる　右下／魚味幸の上階

🚶 元町港から徒歩約10分　🏠 大島町元町4-10-3　☎ (04992)7-5689　🕐 17:00～22:30 (L.O.22:00)　休 月曜 (祝日の場合翌日)　カード 可　駐車場 あり

voice 実は伊豆大島はゴジラとゆかりが深い。1984 年に上映された映画「ゴジラ」では自衛隊に追いかけられたゴジラが超音波で三原山に呼び寄せられ火口に落下。1989 年上映の映画「ゴジラ vs ビオランテ」で三原山の噴火を背にゴジラが復活した。

洋食キッチン ライヴ

🍽 洋食　エリア 元町　MAP 折り込み① D2

ようしょくきっちん らいぶ

この道 45 年のシェフが手掛ける洋食屋

　2022 年 8 月にオープンした、緑に囲まれた洋食屋。人気メニューは、お店で肉をミンチにして作る自家製ハンバーグ 1400 円やデミグラスソースたっぷりのオムライス 1000 円。夜には全 6 品のフルコース 6000 円も。

上／上品な味わい　左下／心地よい音楽が流れる店内　右下／喧騒から離れた場所にたたずむ一軒家レストラン

🚶 元町港から徒歩約 8 分　🏠 大島町元町 4-11-10
📞 080-2037-3860　🕐 11:30〜21:00　🈲 月曜
🅿 あり

シャロン

🍨 スイーツ　エリア 元町　MAP 折り込み③ A2

しゃろん

島の素材を使ったスイーツとピザが自慢

　2018 年にリニューアルオープンしたケーキ屋さん。大島牛乳で作るプリン 380 円〜や地層大切断面に見立てたバームクーヘン 330 円〜などが人気。島の溶岩を利用した窯で焼き上げるピザはもっちりとした食感。カフェスペースがある。

上／大島一周道路沿いにある　左下／バームクーヘンはおみやげとしても人気　右下／広めのカフェスペース

🚶 元町港から車で約 6 分　🏠 大島町元町字地の岡 65-236
📞 (04992)2-3677　🕐 10:00〜18:00（カフェ L.O. 15:30）
🈲 木曜、第 3 水曜　🅿 あり　URL https://oshimachalon.wixsite.com/chalon

島のアイスクリーム屋 トリトン

🍨 スイーツ　エリア 元町　MAP 折り込み① C3

しまのあいすくりーむや とりとん

大島牛乳を使用した約 30 種のアイスクリーム

　入口正面のショーケースにはアイスクリームがずらり。2014 年のオープン時は 14 種だったが、客の要望に応えるうちに約 30 種にまで増えたそう。島特産の大島牛乳を使用し、島のりや明日葉といった変わり種も人気だ。

左／ダブルで 400 円〜。写真は島のりアイスクリーム＋大島産塩バニラ (S)　右上・右下／ショーケースのあるスペースの奥にはテーブル席も

🚶 元町港から徒歩で約 3 分　🏠 大島町元町 1-10-9　📞 (04992)7-5425　🕐 11:00〜18:00（土・日曜、祝日　夏期 10:00〜）　🈲 水曜　🅿 なし

Bar Futaba

🍸 バー　エリア 元町　MAP 折り込み① C3

ばーふたば

島のオリジナルカクテルも。深夜 1 時まで営業

　2018 年オープンの、島では珍しく深夜まで営業しているバー。大島の焼酎を使った三原 880 円や椿色が美しい TSUBAKI 880 円などのオリジナルカクテルを試してみて。日中はカフェとして営業し、ガトーショコラのアイスクリーム添え 660 円などが味わえる。

上／シックで落ち着いた店内　左下／バーテンダーの大濱さん　右下／甘くて飲みやすい TSUBAKI

🚶 元町港から徒歩約 4 分　🏠 大島町元町 1-8-7　📞 090-2659-6023　🕐 19:00〜翌 1:00　🈲 日曜・月曜（ウェブサイト確認のこと）　🅿 なし　カード 可　URL http://www.futabado.biz/bar_futaba.html

---

voice 島のアイスクリーム屋 トリトンの店主・浅沼さんいわく「レパートリーは 100 種ほど」。ジオアイスや裏砂漠アイスなど、名前も味もインパクト大な新作アイスの開発にも余念がなく、期間限定で売り出されることも。

🍶 居酒屋　エリア 元町　MAP 折り込み① C3

焼鳥よっちゃん
やきとりよっちゃん

海が一望できるテラスがある、ちょい呑み居酒屋

　3品で500円というお通しが人気で、ちょい呑みに訪れる島人が多い。新鮮なイカの丸焼き1200円は人気商品。予約ができないので直接店に行こう。

🚶 元町港からすぐ　🏠 大島町元町1-3-1　🕐 18:00〜22:00 (L.O. 21:30)　🈲 荒天時休み　🅿 なし

☕ カフェ　エリア 元町　MAP 折り込み① C3

Green Tights Coffee
ぐりーんたいつこーひー

2022年6月オープン。自家焙煎のコーヒースタンド

　店内で焙煎した挽きたて、入れたてのコーヒー350円〜をテイクアウトできるコーヒー焙煎所。本格コーヒーを楽しむならこちらへ。

🚶 元町港から徒歩約1分　🏠 大島町元町1-9-5　🕐 10:00〜17:00　🈲 月曜・火曜　🅿 なし

🎁 おみやげ　エリア 元町　MAP 折り込み① C3

阿部森売店
あべもりばいてん

明治から愛され続けるオリジナル椿油をおみやげに

　120年以上続くみやげ屋の阿部森売店。大正2年にデザインされた瓶に入った椿油1280円が人気商品。レトロなデザインのTシャツ2200円やトートバッグなどもキュート。オリジナルのアイテムを多く取り揃える。

上／元町港の目の前にある　左下／お菓子から工芸品まで豊富な品揃え　右下／大人気のデザイン

🚶 元町港からすぐ　🏠 大島町元町1-9-5　📞 (04992)2-1288　🕐 9:00〜17:00　🈲 なし　🅿 なし

🎁 特産品　エリア 元町　MAP 折り込み① C3

海市場
うみいちば

旬な海産物が手に入る！　特産のくさやも販売

　島で獲れた新鮮な魚介類や特産の販売を行う市場。時期によってはサザエやイセエビ、アワビなどが並ぶ。トコブシなどの加工品はおみやげに。ここで新鮮な魚介を購入してバーベキューをするのもおすすめ。

上／生きのいい魚介がずらり　左下／新鮮なイセエビが買える　右下／島の特産・トコブシの煮付け 900円

🚶 元町港から徒歩約5分　🏠 大島町元町2-5-7　📞 (04992)2-5557　🕐 9:00〜16:00　🈲 水曜　🅿 あり　🔗 www.town.oshima.tokyo.jp/soshiki/sangyou/umi-ichiba.html

🎁 おみやげ　エリア 元町　MAP 折り込み① C2

みよし土産品店
みよしみやげひんてん

フレンドリーなオーナーとの会話も楽しいみやげ店

　お菓子や工芸品、椿油など、多種類のみやげを取り揃えている。カフェスペースではコーヒーやソフトドリンク 300円以外にもアイスクリームシングル 300円やフライドポテト 300円も。レンタサイクルも行っている。

上／元町港のすぐ近く　左下／カフェスペースでひと休み　右下／島内で作った塩 370円と一味とうがらし 1080円

🚶 元町港から徒歩すぐ　🏠 大島町元町1-16-1　📞 (04992)2-2168　🕐 6:30〜18:00　🈲 なし　🅿 なし　🔗 https://miyoshi-miyage.com

🎁 おみやげ エリア 元町 MAP 折り込み① C2

えびすや土産店
えびすやみやげてん

手焼きの牛乳せんべいが人気

　1955年創業のみやげ店。人気商品は手づくりの牛乳せんべい 360円～。水を使わず牛乳の優しい甘味が感じられる。Tシャツ 1900円やマッチ 200円などのオリジナル商品や、椿柄のグッズも多数取り揃えている。

上／港町ならではの穏やかな雰囲気 左下／牛乳せんべいのTシャツがオリジナル 右下／赤い看板が目印

🚶 元町港より徒歩すぐ　🏠 大島町元町1-17-1　☎ (04992) 2-1319　カード 可　駐車場 あり

🏠⭐ 一軒家貸切 エリア 元町 MAP 折り込み① C4

島☆家
しまいえ

島で暮らすように泊まる一軒貸しの宿

　約150年の歴史をもつ平屋の古民家をセルフリフォームした素泊まりの一軒貸切宿。キッチンでは自炊も可能。寝室は和室と洋室があり、風呂トイレは離れに。町なかからアクセスのよい立地にありつつも、ひっそりと別荘感覚で楽しめる。

上／空色の外観、一松模様の屋根が美しい 左下／和洋折衷の寝室 右下／昔ながらの土間スペースもある

🚶 元町港から徒歩で約5分　🏠 大島町元町2-6-19　☎ 070-4147-4155　💰 素5600円～　客室数 一棟貸切　カード 可　駐車場 あり（軽自動車あり）　URL http://island-star-house.com/shima-ie/

🎁 ベーカリー エリア 元町 MAP 折り込み① B3

海のパン屋さん
うみのぱんやさん

海を眺めながら焼きたてパンを味わう

　2022年1月にオープンした元町港船客待合所の2階にある、海が望めるパン屋。店内に工房があり焼きたてパンが楽しめる。期間限定で島の食材を使用したパンも提供することも。出帆港が岡田港でも営業。

🚶 元町港内　🏠 大島町元町1-18-3 元町港船客待合所2階　☎ (04992)2-0701　🕐 10:00～17:30　休 なし　駐車場 あり

🏠⭐ ペンション エリア 元町 MAP 折り込み① D1

バリアフリーペンション すばる
ばりあふりーぺんしょん すばる

完全バリアフリー！清潔感のあるペンション

　車椅子利用者にも気軽にきてほしいという思いで作られたペンション。寝室から風呂、トイレまで館内すべてバリアフリーだ。茶室としても使える和室とロフト付き洋室がある。

🚶 元町港から徒歩約9分　🏠 大島町元町1-23-6　☎ (04992)2-1142　💰 素1万円～（小学生 6000円～）・朝夕 1万2500円～（小学生 8000円～）　客室数 6室　駐車場 あり　URL http://userweb.www.fsinet.or.jp/subaru/

🎁 ワインショップ エリア 元町 MAP 折り込み③ B2

WINE-ISLAND 風待
わいんあいらんど かざまち

島内唯一のワインショップ＆バー

　ワインの仕入れを長年行っていたオーナーが経営する、古民家ワインショップ＆バー。オーナーセレクトのデイリーワインを中心に揃う。事前予約制のバーではワインに合ったおつまみも用意。

🚶 元町港から車で5分　🏠 大島町元町風待31-85　☎ 090-8804-9556　🕐 14:00～19:00（バー利用の場合は23:00まで）　休 月曜、火曜　カード 可　駐車場 あり　URL https://www.joint-farms.com/wine-island

🏠⭐ ゲストハウス エリア 元町 MAP 折り込み① C2

Guesthouse 甚之丸
げすとはうす じんのまる

港から徒歩圏内！　旅館を改造したゲストハウス

　2019年にオープン。客室は和室中心。広めの共有スペースがあるので、客同士で交流も楽しい。バスタオルやドライヤーなどアメニティが充実している。

🚶 元町港から徒歩約3分　🏠 大島町元町1-16-15　☎ (04992)7-5250　客室数 10室　💰 素5000円～　カード 可　駐車場 あり　URL www.guesthousejinnomaru.com

voice　バリアフリーペンション すばるは、食事がおいしいことでも評判。朝食に和食または洋食を選ぶことができる。夕食には島の新鮮な魚介など旬の素材を楽しめる。

一軒家貸切　エリア 元町　MAP 折り込み① D1

でんハウス
でんはうす

島暮らしを体験できる1組限定の宿

平屋の民家をリノベーションした一棟貸しの宿。静かな住宅街の一角にあり、まるで島で暮らしているかのよう。1組限定なので子連れファミリーやグループでの滞在に向いている。定員5名だが、小学生未満はプラス3名まで対応可。

上／2間続きの和室はウッドバルコニー付き　左下／洋間の個室　右下／緑の茂るアプローチ

🚶 元町港から徒歩約11分　🏠 大島町元町4-19-4　☎ (04992)2-7317（mashio直通）　💰 3万3000円～　🛏 一棟貸切
カード 可　客室数 3室　駐車場 あり　URL http://den-house.com

ゲストハウス　エリア 元町　MAP 折り込み① C1

Hale 海 Guest House・oshima
はれかいげすとはうすおおしま

緩やかな時間が流れる一軒家ゲストハウス

2017年オープンのゲストハウス。和洋で選べる客室はどれも個性的で女性オーナーのセンスが光る。庭ではバーベキューも楽しめ（有料）、グループでの宿泊も人気だ。全室テレビ、エアコン、Wi-Fi完備。子供連れの利用もOK。

上／自宅のように寛げるフリースペース　左下／客室は和洋あり　右下／庭でバーベキューも可

🚶 元町港から徒歩約9分　🏠 大島町元町字五輪224-4　☎ (04992) 2-0522　💰 素5900円、1棟貸し切り2万4000円～　客室数 4室　駐車場 あり

ペンション　エリア 野増　MAP 折り込み⑥ A1

ブランブルー和
ぶらんぶるーなごみ

趣ある伝統的な数寄屋造りの宿

野増エリアの閑静な高台に立つ数寄屋造りの和風ペンション。もともとは約30年前に立てられた商談用の邸宅で、柱や天井などいたるところに贅が感じられる。朝食は敷地奥のダイニングルームで。夏季のみ小学生未満の宿泊は不可。

上／ダイニングルーム。夕食付きプランはない　左下／手入れの行き届いた庭園　右下／雪・月・花の3室を用意

🚶 元町港から車で約8分　🏠 大島町野増ヲワナ354-1　☎ (04992)2-0700　💰 素1万円～、朝1万1000円～　客室数 3室　駐車場 あり

ホテル　エリア 元町　MAP P.74B3

mashio hotel & resort
ましお ほてる&りぞーと

山腹の森にたたずむ全3室の隠れ家リゾート

隠れ家という形容がぴったりな上質なリゾートホテル。3室の客室はアジアンテイスト・メゾネット・和風モダンと趣が異なり、全室オーシャンビューのバルコニー付き。自然に囲まれた貸切露天風呂も心と体を癒やしてくれる。

上／アジアンテイストのKルーム　左下／見晴らしのよいダイニングルーム　右下／各種エコツアーも開催

🚶 元町港から車で約8分　🏠 大島町元町大洞492-1　☎ (04992) 2-7317　💰 朝夕2万900円～　客室数 3室　駐車場 あり　URL www.mashio.com

voice＜ 元町は島内でいちばん宿が多いエリアだ。「ゲストハウスオアシス」や「ペンションみなもと」、「ホテル赤門」など長年経営していてリピーターに愛される宿も数多い。さまざまな宿に泊まりお気に入りの場所を見つけよう。

81

島の中央にそびえる伊豆大島のシンボル

三原山周辺
みはらやま

標高758m、伊豆大島の最高峰である三原山。噴火により作り出された迫力ある景観が広がり、異世界に迷い込んだような感覚に陥る。

📷 観る・遊ぶ

火山が作り出した雄大な景観を楽しむ

三原山周辺には伊豆大島を代表する観光スポットが集まる。巨大な火口からは今もなお蒸気が上がり、活火山であることを示す。駐車場から山頂までの道のりには、溶岩が一面に広がる荒涼とした景色が広がっている。また、黒い砂が一面を覆い尽くす裏砂漠や、赤い地層が連なる赤ダレなどの見どころを巡る、トレッキングルートが整備されている。

🍴 食べる・飲む

三原山頂口周辺に2軒の飲食店がある

山の中に入ると飲食店はもちろんトイレもない。トレッキング前に腹ごしらえをしておこう。飲食店は三原山駐車場から徒歩ですぐの所にある2つ。800席ある大食堂「名代 歌乃茶屋」には、椿油でカラッと揚げた天ぷらがある。特に天丼が人気で、これを食べに訪れる人もいるほど。また外輪山展望台のすぐ隣に山景色を見渡せる喫茶店もある。

🎁 買う

大島ならではの椿グッズがずらり

三原山エリアにある売店は唯一、三原山頂口にある食堂と併設された「名代 歌乃茶屋」だ。椿油やくさや、あんこ人形、椿柄のグッズやデザイン豊富な大島Tシャツ、暖簾など伊豆大島ならではのおみやげがずらり。種類豊富なので、まとめ買いをしたいときもおすすめ。さっぱりとした味がハイキング後にぴったりの大島牛乳アイスも店頭で販売している。

🏠 泊まる

島を代表する大型旅館でのんびり

三原山エリアに唯一ある宿泊施設「大島温泉ホテル」は伊豆大島最大級の収容人数を誇る旅館。部屋はすべて和室。ここから望める山景色は格別だ。特に併設された源泉かけ流しの露天風呂からは裾野と一面に広がる森を見渡すことができる。夜は名物の椿フォンデュや新鮮な海の幸を堪能して。屋上のテラスから満天の星を望むことも。

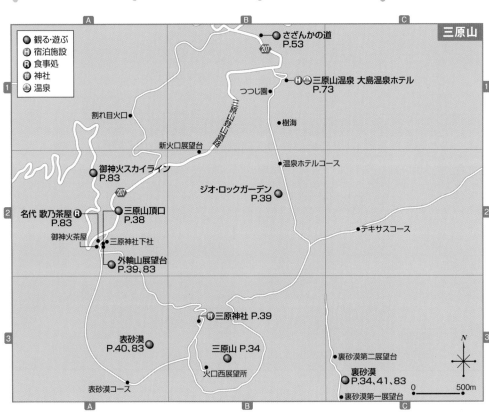

三原山

- ● 観る・遊ぶ
- Ⓗ 宿泊施設
- Ⓡ 食事処
- Ⓗ 神社
- ♨ 温泉

● さざんかの道 P.53

207

つつじ園

Ⓗ♨ 三原山温泉 大島温泉ホテル P.73

割れ目火口 ●

樹海

新火口展望台

● 御神火スカイライン P.83

温泉ホテルコース

207

● 三原山頂口 P.38

ジオ・ロックガーデン P.39 ●

名代 歌乃茶屋 Ⓡ P.83

御神火茶屋

● 三原神社下社

テキサスコース ●

● 外輪山展望台 P.39、83

Ⓗ 三原神社 P.39

表砂漠 P.40、83 ●

● 裏砂漠第二展望台

三原山 P.34 ●

裏砂漠 ● P.34、41、83

火口西展望所

N

0   500m

表砂漠コース

● 裏砂漠第一展望台

VOICE 大島温泉ホテルの名物料理、椿フォンデュとは、大島純正三原椿油で、串に刺した食材を揚げるメニュー。明日葉などの野菜やエビなどを揚げ、できたてをいただく。その他べっこう寿司やさざえのつぼ焼きなど、島で取れた新鮮な魚介を食べるプランもある。

外輪山展望台
📷 展望台　エリア 三原山　MAP P.82A2
がいりんざんてんぼうだい

目の前に雄大な三原山がそびえる

1777年に始まった噴火で誕生した標高758mの三原山を、真正面から見渡せる外輪山展望台。展望台には集合写真が撮れるスポットも。近くには「御神火茶屋」がありそこからも爽快な景色が望める。夕日に染まる三原山の姿もまた格別だ。

上/四季折々の景色を見せる　左下/噴火の歴史が記載された看板　右下/今も蒸気が上がる

🚌🚏 三原山頂口からすぐ　🏠 大島町三原山頂　🅿️ あり

御神火スカイライン
📷 道路　エリア 三原山　MAP P.82A2
ごじんかすかいらいん

急勾配が続く坂道から絶景を望める

元町から三原山まで山の斜面をつなぐパノラマロード。海と町、そして森が一望できる。春になるとオオシマザクラが開花し、森を白く染め上げる。自転車で下るのも爽快だが、スピードの出し過ぎに注意。

赤ダレ
📷 景勝地　エリア 三原山　MAP P.37
あかだれ

「三原キャニオン」の異名をもつ絶景！

表砂漠と裏砂漠を結ぶトレッキングルート沿いにある、溶岩が浸食されて現れた真っ赤な渓谷で、迫力ある光景が近年注目を集めている。柵や手すりは一切ないので足元には十分注意しよう。

🚌🚏 三原山頂口から徒歩約1時間

表砂漠
📷 景勝地　エリア 三原山　MAP P.82A3
おもてさばく

低木と溶岩が入り混じる砂漠

カルデラの西側に広がる砂漠エリア。かつては裏砂漠同様に完全な砂漠だったが、1950年の噴火以降に緑化が進み、その面影は少なくなっている。雨水が溜まり三原山を映し出す場所も。

🚌 三原山頂口から徒歩約30分

あじさいレインボーライン
📷 道路　エリア 泉津　MAP P.84B3
あじさいれいんぼーらいん

見応えたっぷりのアジサイの名所

島の東側、大島公園から三原山頂口へつながる道路上の両側約4kmにわたり、約3万株のアジサイが咲く。梅雨時期には美しい風景を楽しめる。

🚌 元町港から車で約18分

裏砂漠
📷 景勝地　エリア 三原山　MAP P.82C3
うらさばく

一面真っ黒な砂が覆う異世界

溶岩の粒や火山灰によってできた黒い砂漠。強風が吹き抜けるため植物が育ちにく荒涼とした風景が広がる。霧が濃くなったら安全を考慮し引き返そう。

🚌🚏 大島公園から車で約25分。駐車場から徒歩10分

名代 歌乃茶屋
🍽 食堂　エリア 三原山　MAP P.82A2
めいだい うたのちゃや

島の椿油を使用して揚げた天ぷらが人気

みやげ屋の奥にある食堂。油の一部に椿油を使った揚げ物はくどさがなく人気。椿天丼1100円や天麩羅定食1100円。コーヒー440円なども提供する。

🚌🚏 三原山頂口からすぐ
🏠 大島町三原山頂　☎ (04992) 2-2241　🕐 9:00〜16:00（レストランは11:00〜14:00）　休 なし　🅿️ あり

岡田・泉津

おかだ・せんづ

岡田港がある岡田地区と、緑豊かな泉津地区。岡田船客待合所内には週末限定で観光協会のカウンターが設置される。

観る・遊ぶ

幻想的で美しい苔スポット

港を中心に栄える岡田。夏には日の出浜海水浴場がオープンし、海水浴客でにぎわう。周辺には港の見える丘や、樹齢400年を誇る仙寿椿などの見どころが点在。「都立大島公園」がある泉津地区は、水が豊富な場所として知られ、苔むした道路沿いの壁や小道が不思議な世界を作り出す。波治加麻神社や泉津の切通しなどを巡ろう。

食べる・飲む

わざわざ訪れたい塩ラーメンの名店も

岡田港周辺には、新鮮な地魚を食べられる食堂やベーカリーなどさまざまなジャンルの飲食店が並ぶ。空港の北側にも定食屋を含む3店舗の飲食店があり、近辺に宿泊する場合は便利だ。泉津には伊豆大島の塩を使った塩ラーメンの名店が。地元客が多いので予約が必須だ。不定期でオープンする店もあるが、訪れる際は事前に確認して。

買う

島の素材を生かした逸品をチェック

岡田地区にある農産物直売所「ぶらっとハウス」では、大島で作られた野菜や果物、加工品を販売。椿油や牛乳せんべいなどおみやげに人気のものが多いのでぜひ立ち寄ってみよう。また島の食材を使ったパンやお菓子も買うことができる。そのほか、新鮮な地魚を刺身にしてくれるスーパーや島の果物を使った手作りのジャムを販売するカフェも。

泊まる

自然と触れ合える民宿でゆったり

岡田港から徒歩圏内には民宿が数軒ある。ボリュームたっぷりの郷土料理が評判の宿には、釣り好きが多く集まる。空港の北側には素泊まりの民宿がいくつかあり、島ののんびりとした時間を楽しむことができる。海近くにはダイバー向けのホテルも。泉津には数は少ないものの、ゲストハウスなどがある。客室数が少ないため早めに予約を。

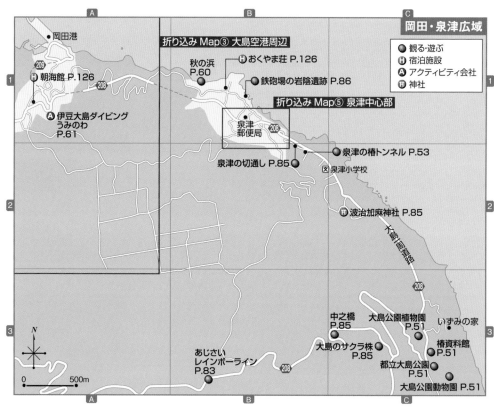

岡田・泉津広域

- 観る・遊ぶ
- H 宿泊施設
- A アクティビティ会社
- 神社

岡田港

209

H 朝海館 P.126

208

A 伊豆大島ダイビングうみのわ P.61

折り込み Map③ 大島空港周辺

秋の浜 P.60

H おくやま荘 P.126

鉄砲場の岩陰遺跡 P.86

折り込み Map⑤ 泉津中心部

泉津郵便局

208

泉津の椿トンネル P.53

泉津の切通し P.85

泉津小学校

波治加麻神社 P.85

大島周道路

208

中之橋 P.85

大島公園植物園 P.51

いずみの家

あじさいレインボーライン P.83

大島のサクラ株 P.85

椿資料館 P.51

都立大島公園 P.51

208

大島公園動物園 P.51

N

0 500m

岡田の外れにある新開という地に碁石浜がある。波に削られ丸くなった石がごろごろと一面に広がるビーチだ。遊泳場ではないため泳ぐことはできないが、人がほとんどおらずゆっくりと過ごせる。崖のような急斜面を降りるので訪れる際は足元に気をつけて。

📷 景勝地　　エリア 泉津　MAP P.84B2

泉津の切り通し
せんづのきりとおし

根が力強く絡み合う、不思議なパワースポット

　大島一周道路から少しそれた脇道にある景勝地。2本の巨木の根が絡み合いながら天に伸びていく、力強い光景を見ることができる。苔むした岩の間には階段があり、木漏れ日に照らされ神秘的な雰囲気に包まれている。

左／異世界に続くかのような階段　右上／静寂に包まれる　右下／びっしりと苔に覆われた岩

🚗 岡田港から車で約7分　🏠 大島町泉津不重

📷 神社　　エリア 泉津　MAP P.84C2

波治加麻神社
はじかまじんじゃ

静寂と苔むした参道に心洗われる

　参道に高くそびえる杉林と苔の絨毯が深山を思わせる風格漂う神社。島内に3社ある旧郷社のひとつで、延喜式神名帳にもその名の記載がある。「日忌様（ひいみさま）」の伝説があり、泉津地区には現在も特殊な風習が残されている。

上／静かにたたずむ拝殿　左下／大島一周道路を一本脇にそれると鳥居が姿を見せる　右下／大杉の並ぶ参道

🚗 岡田港から車で約10分　🏠 大島町泉津木出場

📷 景勝地　　エリア 泉津　MAP P.84C3

中之橋
なかのはし

ひっそりと歴史を刻む「眼鏡橋」

　あじさいレインボーラインの途中にある、1936年建造の橋。島内には大小84の橋があるが、唯一めがね橋構造となっている。旧道に架かり現在は観光資源として残るのみ。

🚗 岡田港から車で約20分　🏠 大島町泉津

📷 見晴台　　エリア 岡田　MAP 折り込み② C2

港の見える丘
みなとのみえるおか

岡田港を見下ろす北端の見晴らし台

　旧道沿いにある、眼下に大島の北の玄関口・岡田港を望む展望スポット。つばきの少女像の立つ富士見台の奥の斜面には河津桜が植えられ、早春に見頃を迎える。

🚗 岡田港から車で約5分　🏠 大島町岡田　🅿 なし

📷 木　　エリア 泉津　MAP P.84C3

大島のサクラ株
おおしまのさくらっかぶ

生命力みなぎる国の特別天然記念物

　繰り返す噴火や台風の被害を乗り越えた、推定樹齢800年の巨大な桜。もとは1本の大木だったが、強風などの影響で枝が倒れた後に再び根を張り現在の姿となった。

🚗 岡田港から車で約16分　🏠 大島町泉津福重　🅿 あり

📷 港　　エリア 岡田　MAP 折り込み② B1

岡田港客船ターミナル
おかたこうきゃくせんたーみなる

ガラス張りの建物が印象的な、新船客待合所

　2019年にオープンした新船客待合所。施設内にはチケットカウンターやみやげ店「minatoにぎわいマーケット」や食堂がある。

🚗 岡田港隣接　🏠 大島町岡田5　🕐 夜便到着時間〜最終便出航時間　📞 (04992)2-5522　🏠 不定休（出帆港が元町港の場合）　🅿 あり

📷 展望台　　エリア 岡田　　MAP 折り込み③ C1

ヨウゴシ岬展望台
ようごしみさきてんぼうだい

開放感ある小休憩＆見晴らしスポット

大島一周道路を元町方面から泉津に向かう途中、秋の浜トンネルに入る手前にある展望台。伊豆半島や富士山、天気のよい日には房総半島も見渡せる。

🚌 岡田港から車で約5分　🏠 大島町岡田　🅿 あり

📷 遺跡　　エリア 泉津　　MAP P.84B1

鉄砲場の岩陰遺跡
てっぽうばのいわかげいせき

複数の時代をまたぐ土器や魚骨・獣骨が出土

海岸に面した自然洞窟の岩陰を利用した遺跡。縄文時代前期、中期、弥生時代中期、古墳時代後期に人々が住んでいたとされる全国でも珍しい複合遺跡。江戸時代には鉄砲場でもあった。

🚌 岡田港から車で約8分　🏠 大島町泉津松山　🅿 なし

📷 ゴルフ　　エリア 岡田　　MAP 折り込み③ C1

伊豆大島リゾートゴルフクラブ
いずおおしまりぞーとごるふくらぶ

富士山を望める開放感たっぷりのゴルフ場

大海原を見渡せる最高のロケーションにある、全9ホールのゴルフ場。セルフカートが利用できるので道具を持ち歩かなくてもOK。クラブと靴のレンタルは3080円。

上／海の爽快な眺め　左下／各ホールのコツはウェブサイトをチェック　右下／館内にはカフェ

🚌 岡田港から車で約6分　🏠 大島町岡田字大久保26　🕐 8:00〜16:00　☎ (04992)2-9300　💰 ハーフ 6600円〜、フル(2周)9900円〜　休 火曜　🅿 あり

🍚 食堂　　エリア 岡田　　MAP 折り込み② B1

一峰
いちみね

岡田港の目の前に位置する食堂

ガラス窓の外の景色が楽しめる食堂。べっこうのたれを使った島スパ750円や、白身魚のべっこう漬け、トコブシ煮、イカの刺身が豪快にのった一峰丼1500円などが人気メニュー。島の卵と牛乳を使った大島こだわりプリン260円もおすすめ。

上／一峰丼は1日限定15食　左下／島スパは常連客のアイデアだとか　右下／店内からは港を見下ろせる

🚌 岡田港から徒歩約2分　🏠 大島町岡田5　☎ (04992)2-8524　🕐 10:00〜15:00　休 不定休(出帆港が元町港の場合)　🅿 なし

🍚 ラーメン　　エリア 泉津　　MAP 折り込み⑤ B1

軽食ちび
けいしょくちび

伊豆大島産の塩を使った塩ラーメン

1978年に開業して以来、島人に愛され続けるラーメン屋。細麺でさっぱりとした塩ラーメンは650円。夏はオープンテラスで食べられる。スープがなくなり次第終了。

上／伊豆大島の塩・海の精を使用　左下／人気店のためすぐ満席に　右下／民家の一角にある

🚌 岡田港から車で約8分　🏠 大島町泉津22-2　☎ (04992)2-8861　🕐 10:00〜14:00　休 水〜金曜　🅿 あり

泉津にある「鉄砲場の岩陰遺跡」。その名は、江戸時代に外国船の襲来に備えて鉄砲場が設けられたことに由来する。波浮の龍王崎灯台付近にも鉄砲場が残っており、こちらは大東亜戦争時に日本陸軍による監視場所として使用された戦争遺跡でもある。

🍚 レストラン　　エリア 岡田　MAP 折り込み③ B1

海風シーウィンズ
うみかぜしーうぃんず

種類豊富なメニューが魅力

　島最北エリアに位置するレストラン。和洋食約70種と豊富なメニューが特徴で、オープン当初は和食中心だったが、客のリクエストに応じているうちに洋食も増えたそう。島内では珍しく22:00まで営業しており、素泊まり客にとっては心強い。

上／テーブル席のほか座敷もあり　左下／ハンバのパスタ1501円　右下／店舗前の看板が目印

🚍 岡田港から車で約10分　🏠 大島町岡田平浜53-75　☎ (04992)2-8888　🕐 17:00〜22:00 (L.O.21:30)　🈳 月・第2火曜　🅿 あり

🍚 食堂　　エリア 岡田　MAP 折り込み② B1

浜のかあちゃんめし
はまのかあちゃんめし

港の目の前にある新鮮な海鮮を使った食堂

　漁業協同組合加工部が運営する食堂。島で取れた魚を使った定食が楽しめる。郷土料理であるべっこう丼1100円や、ゴマサバで作った大島ハンバーグ定食900円などのオリジナルメニューも。ウツボのうま揚げ800円などの販売を行う。

上／明日葉入りチャーハンの定食700円　左下／岡田港の目の前にある　右下／おばちゃんが笑顔でお出迎え

🚍 岡田港から徒歩で約1分　🏠 大島町岡田5　☎ (04992)7-5320　🕐 11:00〜16:00　🈳 火・水曜、元町港出帆日　🅿 なし

🍚 食堂　　エリア 岡田　MAP 折り込み② B1

海のキッチン
うみのきっちん

船客待合所の創作洋食テイクアウト専門店

　洋食を中心に約40年都内で活躍したシェフが作る、創作洋食のテイクアウト店。オリーブオイルやニンニクをふんだんに使ってイタリア風にアレンジしたべっこう丼など、島素材を生かした洋食を提供している。料理の迫力あるライブ感も味わおう。

上／洋風のべっこう丼1000円　左下／フリースペースで食べよう　右下／豪快に炎が立ち上がる

🚍 岡田港ターミナル内　🏠 大島町岡田5 (岡田港客船ターミナル3階)　🕐 11:00〜16:30 (時期により異なる)　🈳 水曜　🅿 あり

☕ カフェ　　エリア 岡田　MAP 折り込み② B1

フルーツファクトリー大屋
ふるーつふぁくとりーおおや

島素材を使った自家製ジャムが人気

　岡田港の目の前にあり、出港前の待ち時間の利用に便利。島で収穫された旬の果物を使用した、防腐剤・着色料不使用のコンフィチュールやコンポートはおみやげにも最適。イートインではスムージーなどを扱う。岡田港出帆日のみオープン。

上／明るい店内　左下／あしたばスムージー500円、マフィン300円　右下／おみやげも揃う

🚍 岡田港すぐ　🏠 大島町岡田5　☎ (04992)2-8503　🕐 10:00〜16:00　🈳 火〜金曜、元町港出帆日　🅿 あり

🍣 寿司 　エリア 岡田　MAP 折り込み② B1

鮨　陽宝丸
すし　ようほうまる

島出身の漁師が運営する本格寿司屋

　2022年7月にオープンした寿司屋。島の地魚中心の寿司や丼、定食を取り扱う。常に島内で新鮮なネタを仕入れており、トロキンメなど高級魚が入ることも。地魚握り定食1800円は一番人気。テイクアウトも可。

上／定食には小鉢とあら汁が付く　左下／一人でも立ち寄りやすい　右下／あら汁はコクのある深い味わい

🚶 岡田港より徒歩約1分　🏠 大島町岡田5　📞 (04992)7-5056
🕐 10:00〜15:00 (L.O.14:00)　休 なし　🅿 あり
URL https://www.youhoumaru.com/

🎁 スーパー　エリア 岡田　MAP 折り込み③ B2

げんろく
げんろく

刺身の盛り合わせを頼むならここ！

　生鮮食品や地魚などを扱うスーパー。バーベキューなどの買い出しに便利。予約すれば、旬の魚を使った刺身の盛り合わせを作ってくれる。なお、お酒の取り扱いはしていないので注意。

🚶 岡田港より車で約7分　🏠 大島町岡田橋の本135-2
📞 (04992) 2-8242　🕐 9:00〜19:00　休 月曜

🎁 スイーツ　エリア 岡田　MAP 折り込み③ B1

ワノサトキッチン
わのさときっちん

添加物なしの体に優しいスイーツ

　添加物、保存料、卵、白砂糖などは使わず、海洋深層水を原料とする塩や天然酵母などのこだわりの素材で作るスコーン280円〜が人気。ぶらっとハウスで販売される。

買える店 ぶらっとハウス
📞 (04992) 2-2815　URL https://www.wanosato.be

🎁 ベーカリー　エリア 岡田　MAP 折り込み② B2

しま←じま
しま←じま

島の片隅で営む古民家ベーカリー

　岡田の旧道沿いにあるテイクアウト専門のベーカリー。天然酵母と北海道産の小麦を用いていねいに焼き上げたパンは口コミでまたたく間に人気に。多品種少量製造のため、昼前に売り切れてしまうことも。木曜にはおにぎりも登場する。

上／軒先に控えめな看板が　左下／玄関が物販スペース　右下／定番は約10種。日替わりも豊富

🚶 岡田港から徒歩約7分　🏠 大島町岡田9　📞 (04992) 2-8508
🕐 7:00〜15:00　休 月曜　🅿 なし

🏨 B&B　エリア 岡田　MAP 折り込み② B2

島ぐらしカフェ chigoohagoo
しまぐらしかふぇ　ちぐはぐ

心や体と向き合える女性のためのB&B

　女性が島の自然に抱かれながら自分を整え、向き合うことをコンセプトにした2部屋限定の宿。気軽に島旅ができるように、さらに自然を壊さないようにと考慮されたアメニティが充実している。島の食材を使用した和朝食付き。

上／和室と洋室がある　左下／こだわりのアンティークやアートも　右下／宿、カフェ、雑貨屋が敷地内に

🚶 岡田港から徒歩約2分　🏠 大島町岡田3　🛏 朝8000円〜
客室数 2室　カード 可　🅿 なし
URL https://chigoohagoo.com/

岡田港周辺は夕食が食べられるレストランが少ない。宿に夕食がついていない場合、元町港で夕食を済ませておくほうが安心だ。宿によってはバーベキュー設備を用意しているところもあるので、確認してみて。

🏠 一軒家貸切　エリア 岡田　MAP 折り込み② C2

香や野
かやの

海を望むリラクセーションサロンと貸し切り宿

　1日1組5名限定の一棟貸切宿兼、リラクセーションサロン。アロマトリートメント 8000 円〜で心身ともに癒され、海を眺めながら穏やかな島時間を過ごせるだろう。素泊まりのみでも利用でき、キッチンを使って自炊や外でバーベキューもできる。

上／ナチュラルモダンな客室　左下／窓から日の出浜を一望できる　右下／施術は事前予約必須

🚶 岡田港より徒歩約4分　🏠 大島町岡田4　💰 素2万5650円／1棟貸切　🛏 一棟貸切　💳 不可　🅿 あり

🏠 ゲストハウス　エリア 泉津　MAP 折り込み⑤ C2

ゲストハウス 空と風
げすとはうす くうあんどふう

自宅のようにくつろげる、アットホームな一軒宿

　緑に囲まれた、泉津地区にある数少ない一軒宿。客室は2段ベッドが置かれた部屋が2部屋あり、4名まで宿泊することができる。キッチン付きなので自炊 OK。バルコニーからは星空も楽しめる。島時間を満喫して。

🚶 岡田港から車で約10分　🏠 大島町泉津河内170-1　📞 090-1557-7329　💰 素2万2000円　🛏 一棟貸切　💳 不可　🅿 あり　URL http://kuu-fuu.com

🏠 ホテル　エリア 岡田　MAP 折り込み② B2

Hotel MOANA
ほてる もあな

高台のプチ・リゾートホテル

　「大きな海（モアナ）」や富士山を窓から望める2部屋限定の暮らすように過ごせる居心地のいいホテル。ターコイズブルーのラウンジがゲストを出迎えてくれ、海外にいるような気分を味わえる。

🚶 岡田港から徒歩約3分　🏠 大島町岡田2　📞 (04992)7-5679　💰 素1万4300円〜、朝1万5500円〜　🛏 2室　💳 可　🅿 なし

🏠 民宿　エリア 岡田　MAP 折り込み③ B1

アイランドスターハウス
あいらんどすたーはうす

自炊 OK！竹やぶにひそむ色鮮やかな隠れ家宿

　オーナーがセルフリフォームした温かみのある宿。1日2組限定で、1組で貸し切ることもできる。自由に使えるキッチンには調味料があるので自炊ができ、屋外ではバーベキューも可。周囲は街灯が少なく、夜空には天の川が見られることも。

上／鮮やかな外観　左下／天井が高く開放感がある　右下／寝室はウッディで落ち着きのある空間

🚶 大島空港から車で約5分　🏠 大島町岡田新開287-21　📞 090-9100-1421　💰 素5000円〜　🛏 2室　💳 可　🅿 あり　URL http://island-star-house.com

🏠 一軒家貸切　エリア 岡田　MAP 折り込み③ A1

大人向け一棟貸しの宿 いなかや
おとなむけいっとうがしのやど いなかや

早朝チェックインできるのがうれしい

　2022 年にリニューアルオープンした、大人の贅沢時間を楽しめる隠れ家宿。チェックインが朝 6 時から、チェックアウトが15 時まで船の時間ぎりぎりまで過ごすことができる。車、電動自転車、製氷機などが宿泊料金に含まれていて自由に利用可能だ。

上／古民家をリノベーション　左下／フルキッチンに最新家電も取り揃える　右下／基本、最大4名まで

🚶 岡田港から車で約12分　🏠 大島町岡田新開212-1　📞 090-8804-9556　💰 素3万円／2名〜（連泊割引あり）　🛏 一棟貸切　💳 可　URL https://www.joint-farms.com/inakaya

Voice 〉 いなかや を運営する Joint-Farms は、港から宿、宿から港まで荷物を届ける手荷物お届けサービスやワインショップ＆バー WINE-ISLAND 風待 の運営、大島産はちみつの製造販売など幅広く行っている。 https://www.joint-farms.com/

ノスタルジックな町並みのそぞろ歩きが楽しい

波浮港・差木地
（はぶみなと・きしきじ）

伊豆大島で最も古い港町、波浮港。歴史ある建造物や博物館などがあり多くの観光客が訪れる。

📷 観る・遊ぶ

情緒あふれる古い港町を散歩

古きよき港町の雰囲気が残る波浮港。明治時代に建造された旅館や100年以上前の住居が残り、町歩きが楽しい。足を延ばして波浮港見晴展望台へ行ってみよう。ここからの港の風景は実に美しく、数十万年前に活動していた火山で、海にポツンと浮かぶ筆島も見どころ。色とりどりの魚が泳ぐスノーケリングスポット「トウシキ遊泳場」も訪れたい。

🍴 食べる・飲む

島人に愛される老舗や名店を訪ねる

さまざまな飲食店が揃う波浮港。島の地魚の刺身を使った寿司が人気の「港鮨」や江戸前寿司が味わえる「大関寿司」、フレーバーが豊富なたい焼き屋「島京梵天」、コロッケが評判の「鵜飼商店」など人気店が並ぶ。多くの店は21時前には閉店するが「スナック・アンジェリカ」が24時まで料理を提供。食べ逃した人は訪ねてみよう。

🎁 買う

定番みやげのほかオリジナルアイテムも

おみやげを取り扱う商店が少ない波浮港周辺。定番のおみやげを手に入れたいなら波浮港見晴展望台近くの「みはらし休息所」へ。牛乳せんべいや明日葉のお菓子など伊豆大島ならではのアイテムが手に入る。高林商店（**MAP** 折り込み④ C2）ではオリジナル商品「ダサいキーホルダー」やくさやをモチーフにしたマクラメピアス、伊豆諸島の焼酎などを取り扱う。

🏠 泊まる

貸切宿やリゾートホテルが点在

島らしいリラックスした時間を味わいたいなら、貸切宿が多い波浮港がおすすめだ。100年以上前に建てられた古民家を改装した一軒宿や、情緒あふれる日本家屋の宿、1日2組限定の、アートと自転車をテーマとしたゲストハウスなどユニークな宿が点在する。トウシキ遊泳場の近くにはリゾートホテルやダイバー専用の宿も多い。

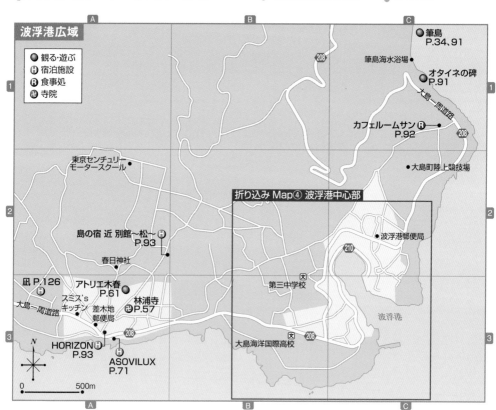

波浮港広域

- ● 観る・遊ぶ
- ⓗ 宿泊施設
- ⓡ 食事処
- 卍 寺院

筆島 P.34、91
筆島海水浴場
オタイネの碑 P.91
大島一周道路
カフェルームサン ⓡ P.92
208
大島町陸上競技場
東京センチュリーモータースクール
折り込み Map④ 波浮港中心部
波浮港郵便局
210
島の宿 近 別館～松～ ⓗ P.93
春日神社
第三中学校
凪 P.126
アトリエ木春 P.61
スミスʼsキッチン
林浦寺 卍 P.57
差木地郵便局
大島一周道路
208
波浮港
HORIZON ⓗ P.93
ASOVILUX P.71
大島海洋国際高校
208

0 500m

都はるみが歌い、大ヒットした「アンコ椿は恋の花」。波浮港開港200周年の記念にこの歌詞が書かれた碑が作られ、波浮港見晴展望台に置かれている。また波浮港を開港した秋広平六の像も同じくここにある。

🎑 景勝地　エリア 波浮港　MAP P.90C1

オタイネの碑
おたいねのひ

薬草の知識で島人を救った流人の碑

海が一望できる崖に立つ大きな十字架。キリシタン禁教令により島流しにあった、おたあジュリアの信念をたたえ、島のキリシタンにより作られたといわれる。

🚌 🚶 波浮港から車で約10分　🏠 大島町波浮港　🅿️ あり

🎑 展望台　エリア 波浮港　MAP 折り込み④D2

龍王崎灯台鉄砲場
りゅうおうざきとうだいてっぽうじょう

朝日と夕日、どちらも美しい岬

岬の上の公園に立つ、白亜の灯台が目印。ここからの眺めは最高だ。ロシアの兵士が上陸するのを防ぐために作られた鉄砲場や、第2次世界大戦の防空壕などが残る。

🚌 🚶 波浮港から車で約9分　🏠 大島町波浮港　🅿️ あり

🎑 景勝地　エリア 差木地　MAP 折り込み④C4

ボムサック
ぼむさっく

噴火によりできた奇岩

トウシキ園地の海岸沿いに、岩にのめり込む石が点在している。どれほど勢いよく飛んできたのかがわかる。周囲には大豆ほどの小さな石が転がっている。

🚌 🚶 波浮港から車で約4分　🏠 大島町差木地　🅿️ なし

🎑 景勝地　エリア 波浮港　MAP P.90C1

筆島
ふでしま

波に削られ残った火山島の残骸

約30mの岩礁。数十万年前まで活動していた火山島の名残だ。展望所から望めるが、海岸沿いからも見ることができる。筆島の後方にある断崖絶壁からは水が湧く。

🚌 🚶 波浮港から車で約10分　🏠 大島町波浮港　🅿️ あり

🎑 博物館　エリア 差木地　MAP 折り込み④C3

貝の博物館 ぱれ・らめーる
かいのはくぶつかん ぱれ・らめーる

大島周辺と世界中から集めた貝や化石を展示

世界中から集めた約4500種、約5万点の貝をエリアや種類別で収蔵。アンモナイトなど古代の貝の化石や貝で作られた民芸品、彫刻もある。夏には貝を使ったクラフトイベントを行うことがあるので、チェックしてみて。

上／収蔵数は世界有数 左下／膨大なコレクション 右下／勤労福祉会館に併設

🚌 🚶 波浮港から車で約3分　🏠 大島町差木地字クダッチ（大島町勤労福祉会館内）　📞 (04992) 4-0501　📅 水曜　💴 400円（小・中学生 200円）　🕘 9:00～17:00　🅿️ あり

🍣 寿司　エリア 差木地　MAP 折り込み④B3

大関寿司
おおぜきすし

ネタの大きさが自慢！島で江戸前寿司を食す

鮮度の高いネタを使った江戸前と地魚の寿司がどちらも楽しめる寿司屋。にぎりセットは6種類で、店のおすすめは大トロ・ウニ・いくら・トコブシなどを含むネタ9貫が入った椿3500円。カウンター席と座席を用意。

上／新鮮な寿司は絶品 左下／広々と居心地がいい店内 右下／大将との会話も弾む

🚌 🚶 波浮港から車で約4分　🏠 大島町差木地字クダッチ　📞 (04992) 4-0372　🕘 11:00～13:30、16:30～20:30　📅 月曜

voice 貝の博物館 ぱれ・らめーるに併設される大島町勤労福祉会館では、ボウリングやテニス・卓球などのアクティビティが楽しめる。テニス以外は室内でできるため、雨の日など外での観光ができない日に訪れてみても。

91

🍜 カフェ
エリア 波浮港　MAP P.90C1

カフェルームサン
かふぇるーむさん

潜水艦のような店内でくつろぐ隠れ家カフェ

　道路沿いにあるサーフィンボードの看板が目印。店内は船をイメージしている。スパゲッティ780円〜やピラフ830円など軽食が味わえる。大人数の場合は予約すると安心だ。

🚗ⓘ波浮港から車で約9分　🏠大島町波浮港17　☎(04992)4-0111　🕐11:00〜15:00 夜は要予約　🈺水・木曜(不定休)　🅿あり

🍜 ラーメン
エリア 波浮港　MAP 折り込み④C2

らぁ麺よりみち 伊豆大島
らぁめんよりみち　いずおおしま

全国グルメコンテスト金賞の「島海苔ラーメン」

　島の食材を生かしたメニューが人気のラーメン店。島で取れた貝も使った、濃厚かつ後味さっぱりの島海苔ラーメン 貝塩味1100円には、島内でも希少な島のりを使用している。

🚗ⓘ波浮港から車で約5分　🏠大島町波浮港17　☎(04992)4-1600　🕐11:00〜14:00　🈺水・木曜　🅿あり　🔗 https://peraichi.com/landing_pages/view/ramen-yorimichi/

🍜 定食
エリア 差木地　MAP 折り込み④B2

押し花
おしばな

600円ランチが人気の定食屋

　保育園の園長を務めていたオーナーが、大人も子供も健康的な食事をしてほしいという思いから始めた定食屋。自家菜園で取れた無農薬野菜を使ったボリュームたっぷりの定食は600円。パスタやピザもすべて600円とお手頃価格で提供している。カフェとしての利用もできる。

上／栄養もボリュームも満点 左下／毎日通う常連も多数 右下／オーナーはジオガイドも行う

🚗ⓘ波浮港から車で約6分　🏠大島町差木地沖の根　☎090-9011-1950　🕐11:30〜14:00　🈺土・日曜、祝日　🅿あり

🍜 寿司
エリア 波浮港　MAP 折り込み④C2

港鮨
みなとずし

予約必須の人気寿司店

　波浮のメイン通りにある、島人にも人気の寿司屋。おすすめは、キンメダイを含む9種類の地魚で作る寿司がセットになった地魚にぎり2050円やイセエビが豪快に入った伊勢海老天丼3400円。レトロな電話やレジ、おもちゃなどが飾られた遊び心ある店内で、島の味覚を思う存分楽しみたい。

上／クロシビカマスなど島ならではのネタも 左下／清潔感ある店内 右下／からっと揚げた天丼1150円

🚗ⓘ波浮港から徒歩すぐ　🏠大島町波浮港1　☎(04992)4-0002　🕐12:00〜14:00、17:00〜21:00　🈺月曜夜・火曜　🅿なし

🍜 カフェ
エリア 差木池　MAP 折り込み④B3

cafe メルシー
かふぇめるしー

島では珍しい24時間営業の店!?

　島にはコンビニはないが、24時間営業のカフェがある。それがこの自動販売機が並ぶ店だ。15種類以上の総菜パン150円〜や飲み物などが並ぶ。電子レンジがあるので温めてどうぞ。

🚗波浮港から車で約8分　🏠大島町差木地クダッチ　🕐24時間（イートインコーナーは10:00〜17:00）　🈺なし　🅿あり

🍴 コロッケ
エリア 波浮港　MAP 折り込み④C2

鵜飼商店
うがいしょうてん

揚げたてのアツアツコロッケをほお張りたい!

　コロッケと書かれた赤い旗が目印。オーダーしてから揚げるコロッケ70円がいちばん人気。サクサクのコロッケを買って、近くの防波堤に座って海を見ながらいただこう。

🚗ⓘ波浮港から徒歩約2分　🏠大島町波浮港1　☎(04992)4-0521　🕐9:00〜18:00　🈺水曜　🅿なし

波浮港周辺には飲食店が少なく、夜営業している店があまりないので、外食を考えている場合は必ず事前に予約しよう。近年キッチン付きの素泊まり宿が増えてきたため、自炊やバーベキューで島時間をゆっくり楽しむのもおすすめだ。

🏠 ゲストハウス　エリア 差木地　MAP P.90A3

HORIZON
ほらいぞん

目の前に海が広がる一軒宿

　2組10名まで宿泊ができる宿。キッチンには、ひととおりの調味料や食器が備えられ自由に使うことが可能。オーシャンビューの部屋は開放感満点だ。絵本やおもちゃもあり子供連れもOK。Wi-Fi完備なので、ビジネスや長期滞在にも便利。

上／ソファがある部屋も　左下／一棟貸し切りも可能　右下／大島一周道路沿いにある家

🚌🛈 波浮港から車で約6分　🏠 大島町差木地4　☎ (04992)4-1630　客室数 4室　料 素6600円〜（2名〜宿泊可）　駐車場 あり　URL https://horizon-izuoshima.jp

🏠 一軒家貸切　エリア 差木地　MAP P.90A2

島の宿 近　別館〜松〜
しまのやど こん べっかん 〜まつ〜

美しい庭園を望む日本家屋を貸し切る

　厳かな雰囲気を漂わせつつ、屋内は居心地のよいあたたかな空間だ。6名まで宿泊可能。周辺に飲食店は少ないがフルキッチン付きかつ、BBQ設備1000円/人で借りられるので自炊もできる。

上／軒先にかかる紺色の暖簾が凛々しい　左下／寝室からは庭園を望むことも　右下／和洋折衷のリビング

🚌🛈 波浮港から車で約6分　🏠 大島町差木地二ハ-ダノキ-795-2　☎ 090-4613-0731　客室数 一棟貸切　料 素1万6000円〜（2名〜宿泊可）　カード 可能　駐車場 あり

🏠 ゲストハウス　エリア 波浮港　MAP 折り込み④ D2

青とサイダー
あおとさいだー

鮮やかなイラストが描かれたゲストハウス

　2019年にオープンしたアートと自転車がテーマの2組限定ゲストハウス。宿の壁に描かれたイラストは、アーティストによるもの。サイクリストのための自転車用工具や空気入れを常備している。

上／自炊が可能　左下／寝室は和室　右下／自転車を土間に停められるので雨の日も安心

🚌🛈 波浮港から徒歩で約5分　🏠 大島町波浮港4　☎ 090-4919-1981　客室数 2室　料 素5000円〜　カード 可　駐車場 あり　URL https://aotocider.com

🏨 ホテル　エリア 差木地　MAP 折り込み④ B1

ホテル カイラニ
ほてる かいらに

プール付きのリゾートムードあふれるホテル

　2019年に新オーナーによりリニューアルオープンしたホテル。島に惚れこんだ夫婦がハワイと行き来しながら営む。ツインからファミリータイプまである客室は、白と青が基調のさわやかな内装。プールサイドの芝生でバーベキューも魅力的。

上／開放感のある客室　左下／新館の客室のバスルーム　右下／夏場はプールがオープンする

🚌🛈 波浮港から車で約5分　🏠 大島町差木地1027-10　☎ (04992)4-0881　客室数 18室　料 素8800円〜、朝1万120円〜　駐車場 あり　カード 可　URL https://hotelkailani.com/

VOICE 波浮エリアにある七福神公園には石で作られた七福神がずらりと並んでいる。ほかにも五重塔や狛犬などもいて、なかなか見応えがある。七福神巡りができない場合は、こちらを訪れてみては？

椿油の生産量日本一の 椿アイランド

利島 NAVI

大島の南約20kmほどに浮かぶ利島。
人口300人余りの小さな島に
ヤブツバキが咲き乱れる。

島で〜た

人　口	**327人**	(2020年10月)
面　積	**4.12km²**	
周　囲	**8km**	
最高地点	**508m**	(宮塚山)

宮塚山
利島の最高峰。頂上付近には展望台があり、集落と海を一望できる。

深く光る！

梅雨から夏にかけて夜の山で光るシイノトモシビダケ

南ヶ山園地
山荘挟んで集落の反対側にある南ヶ山園地は、絶好の星空観測スポット。

東京・竹芝

大島
下田
利島

利島ダイビングサービス P.61
寺田屋 P.61、99 Ⓐ
しんき P.99 Ⓢ
カケンマ浜 P.60
利島郵便局
利島農業協同組合 P.98 Ⓢ
阿豆佐和気命神社 P.98 Ⓗ
民宿山中荘 P.126 Ⓗ
Soudaimo P.98 Ⓗ
民宿西山 P.126 Ⓗ
吉多屋本店 P.98 Ⓢ
民宿永楽屋 P.126 Ⓗ
まるみ商店 P.98 Ⓢ
利島館 P.126 Ⓗ
民宿かおり荘 P.126 Ⓗ
民宿かねに荘 P.126 Ⓗ
宮塚山展望台 P.97
宮塚山 P.35、96
宮塚山南登山口
阿豆佐和気命本宮
大山小山神社
南ヶ山園地 P.97

Ⓐ	観る・遊ぶ
Ⓢ	みやげ物店
Ⓗ	宿泊施設
Ⓐ	アクティビティ会社
Ⓡ	神社

N

0 ────── 500m

利島への行き方 ・詳しくは P.122

ジェット船

東京の竹芝桟橋から利島まで所要2時間25分。利島港は天候の影響を受けやすく欠航が多いので注意。

大型客船
竹芝桟橋から大島経由、利島まで約9時間。下田港からフェリーあぜりあで約1時間35分。

ヘリコプター
伊豆大島の大島空港から9人乗りヘリコプターが運航。1日1便。所要約10分。

島内交通

島内に公共交通機関はないので徒歩の移動が基本。送迎については、宿の人にたずねてみて。

利島集落

P.98

利島港周辺に広がる集落。坂道に沿って住宅が点在する。

利島港
利島港船客待合所

Ⓢ 利島のおみやげ屋さんモリヤマ P.98

Ⓜ 利島村郷土資料館 P.98

Ⓜ 利島勤労福祉会館 P.125

利 島

228
利島一周道路

宮塚山
東登山口

下上神社

228

気になる

ベーシック インフォメーション Q&A

Q どんな宿がある?

A 民宿が9軒ある

集落に民宿が9軒ある。いずれも客室は数室なので早めに予約して。また、島の食堂はオープンしていないことも多いので、朝夕食は宿で。昼食もお弁当を手配しておくと安心。

Q 何をして過ごす?

A のんびり、島時間を楽しむ

利島にはいわゆる観光施設はない。しかし、静かでのんびりとした時間は島ならでは。ハイキングや星空ウオッチングなどの自然を楽しもう。

Q どんなおみやげがある?

A 椿油や椿油配合の石鹸などがある

椿油の生産量、日本一を誇る利島。島の椿油はもちろん、石鹸などもある。また、島の焼酎「さくゆり」もチェック。

阿豆佐和気命神社

明神さまと呼ばれ親しまれている、1760年建造の島内最古の神社。→ P.98

椿の絨毯!

椿のシーズンの終わりには、花が落ち、地面一面が椿の絨毯になる。幽玄な雰囲気を味わおう。

利島でイルカと泳ぎたい!

利島近海には20頭ほどのイルカがすみつき、そのイルカと泳ぐドルフィンスイムが人気を集めている。船に乗ってイルカを見つけたらフィン、マスク、スノーケルを装着して海へ。海の中で見る野生のイルカの姿に感動だ。利島ではイルカの生態を守るために、触らない、追いかけないなどのルールを設けている。ツアーを催行している事業者の注意事項をよくきいて従おう。ドルフィンスイムは1回7700円〜。

ドルフィンスイムを実施している事業者　利島ダイビングサービス　☎ 090-3066-9333
寺田屋　☎ (04992)9-0251　Soudaimo　☎ (04992)9-0039
イルカマリンクラブ利島　☎ (04992)9-0270

冬には椿も
咲いてるよ！

神社巡り。
そして海一望の絶景を求めて

宮塚山ハイキング

利島最高峰、標高508mの美しい円錐形の山、宮塚山。
ヤブツバキの茂る山は誰でも山頂を目指せる気軽なハイキングコース。
神社を巡りながら山歩きを楽しもう。

島人が代々守る
島の風景と歴史を辿る

　まるで海の上に浮かぶようにそびえる宮塚山。利島の中央にある標高508mのその山は、昔から海の目印とされてきた。四季折々に美しい姿を見せるのもこの山の魅力。冬場には、

約20万本のヤブツバキが赤く染め、一方初夏には、香り高いサクユリが純白に彩る。この山には「宮塚山・巨樹めぐりの道」というハイキングコースがあり、ヤブツバキやスダジイの巨木を眺めながら気軽に頂上を目指す

ことができる。山道では、国の天然記念物に指定されているカラスバトや、アカコッコなどの野鳥を見つけることができるかも。残念ながら頂上からは景色を望むことができないが、近くに展望台があり、そこから伊豆大島、晴れた日には富士山や伊豆半島まで見渡すことができる。台風の被害でコースが一部閉鎖されている可能性がある。利島村役場で確認して。

あたり一面に茂るのはヤブツバキ。冬場なら花も楽しめる

ウスイゴウ園地
東登山口
山頂見晴台　　　GOAL
下上神社
山頂
南登山口
START
阿豆佐和気命本宮
大山小山神社
南ヶ山園地
N
〈イメージ図〉

🚗 利島港から南登山口まで車で約10分　🅿 あり

voice　利島には寺が1寺、神社が7社もある。島民は正月三が日に「山廻り」と呼ばれる初詣を行い、米と御神酒を持って、一番神様から三番神様を参拝する。昔ながらの利島の信仰を感じる風習だが、近年では車で参拝する人がほとんどのようだ。

スケジュール

所要時間	体力レベル
約2時間30分	🚶🚶🚶

夜は星空観測スポットとしても知られる

徒歩で約5分

10:00
一番神様にお参りをしてスタート！

利島一周道路を南西に向かうと「南ヶ山園地」の看板があり、看板方面に進むと一番神様と呼ばれる阿豆佐和気命本宮が。お参りをして南ヶ山園地へ向かおう。

東京都の文化財に指定された神社

10:10
南ヶ山園地で海に浮かぶ島々を眺める

新東京百景に選ばれている南ヶ山園地。伊豆諸島の新島や式根島などを望むことができる。芝生の上でのひなたぼっこが気持ちがいい。

徒歩で約10分

10:45
南登山口からいざハイキング！

南登山口から山頂を通り、反対側の登山口まで約2kmのコース。青々とした緑の中で森林浴を楽しみながら、山頂を目指そう。

登山口には登山についての説明が書かれた看板がある

10:25
二番神様に入山のごあいさつ

二番神様こと大山小山神社は、山神様（サンジンサマ）とも呼ばれる神社。山の神様が祀られているので、ここでもお参りを忘れずに。

緑に囲まれマイナスイオンたっぷり！

徒歩で約10分

スダジイやオオシマザクラなど伊豆諸島ならではの木々も見られる

徒歩で約45分

11:35
山頂に到着！見晴らし台からきれいな富士山が！

山頂からは案内板が立つのみで眺望は望めない。がっかりせず、北側に向かおう。見晴らし台からは絶景が楽しめる。

頂上のベンチでひと休み。藪が風から守ってくれる

風が気持ちいい〜

眼下に利島の町並みや港が広がる

徒歩で約20分

12:05
下山し三番神様、ウスイゴウ園地へ

東登山口に到着するとウスイゴウ園地がある。そこから少し歩くと山廻りの最終地点、三番神様と呼ばれる下上社が。ハイキングの無事を感謝して下山を。

池を眺めながら、東屋で休憩しよう

宮塚山ハイキングのポイント

・南登山口から東登山口までのハイキングを楽しみたい人は、集落から登山口までは徒歩で。港から所要2時間。

・車の場合は、山頂到着後、同じルートを引き返し車に乗って反対側の山頂口へ。

・なだらかな山だが、山道には笹が生い茂っているところも。長袖長ズボンが安心だ。

利島は1周しても約10km。登山口までは徒歩で2時間ほど。集落から登山口まで徒歩で向かい、ハイキングをする人も少なくない。山側には自動販売機などは設置されていないため、町なかの商店で必要なものを手に入れておこう。

神社 　エリア 利島村　MAP P.94

阿豆佐和気命神社
あずさわけのみことじんじゃ

利島最古の神殿がある神社

　国登録有形文化財に指定されている、1760年に建造された社殿をもつ神社。氏神として島人に親しまれる。旧本宮は山側にあるが参拝が不便であるため集落に作られた。

🚗 利島港から車で約3分　🏠 利島村1　🅿 なし

資料館 　エリア 利島村　MAP P.95

利島村郷土資料館
としまむらきょうどしりょうかん

島の産業や生活の移り変わりを見る

　利島の歴史や文化を展示する資料館。東京都有形文化財に指定された28点の銅鏡や縄文時代の土器の破片などを展示。やぶさめや昔の暮らしも再現。

🚗 利島港から車で約5分　🏠 利島村248　☎ (04992)9-0331
🕐 10:00〜16:00（G.W.〜9月末の休日は9:00〜17:00）
休 土・日曜、祝日　料 無料　🅿 あり

おみやげ 　エリア 利島村　MAP P.95

利島のおみやげ屋さんモリヤマ
としまのおみやげやさんもりやま

島で唯一のおみやげ店

　タオル1600円〜などのオリジナル商品から、島人手づくりの椿油1100円や椿油配合リップクリーム1200円などがある。ジェラート380円〜も人気。オリジナル商品も豊富。

🚗 利島港から車で3分　🏠 利島村255　☎ (04992)9-0201
🕐 10:00〜12:30、15:00〜17:30　休 不定休　🅿 あり

食料品 　エリア 利島村　MAP P.94

利島農業協同組合
としまのうぎょうきょうどうくみあい

利島産の商品が豊富

　化学農薬・化学肥料不使用で栽培された利島の椿油を取り扱う。おすすめアイテムは神代椿（かみよつばき）50ml 1980円。週末は休みなので注意。

🚗 利島港から車で約5分　🏠 利島村13　☎ (04992)9-0026
🕐 8:30〜17:30　休 土・日曜、祝日　🅿 あり

商店 　エリア 利島村　MAP P.94

吉多屋本店
よしだやほんてん

島の焼酎や食料品が揃う商店

　利島の焼酎、さくゆりやおみやげが手に入る。アルコールや飲み物、おつまみ、カップ麺、お菓子類など充実した品揃え。民宿で昼食を予約していない場合は、ここが頼みの綱。

🚗 利島港から車で約5分　🏠 利島村23　☎ 090-8949-4840
🕐 7:00〜19:00　休 不定休　🅿 あり

商店 　エリア 利島村　MAP P.94

まるみ商店
まるみしょうてん

食料品やおみやげなど、品揃え抜群

　利島の焼酎や椿油、ローションなど椿油配合のスキンケア商品を豊富に取り揃える。神津島などの焼酎も手に入る。そのほか、アルコール類も置いている。

🚗 利島港から車で約3分　🏠 利島村33
☎ (04992)9-0033　🅿 なし

民宿 　エリア 利島村　MAP P.94

Soudaimo
ソウダイモ

ドルフィンスイムツアーも開催する小さな民宿

　2014年にオープンした小さな宿。和室と洋室がある。食事はオーナーが釣った新鮮な魚が登場することも。ドルフィンスイムも開催しており、1回7700円（春〜秋開催）。

上／明るい客室　左下／清潔感のある食堂　右下／リゾート気分を味わえる

🚗 利島港から車で約5分　🏠 利島村1585　☎ (04992)9-0039
🅿 あり　料 素5500円〜、朝夕7500円〜　客室数 4室
🅿 なし
URL www13.plala.or.jp/soudaimo0039/index.htm

VOICE　2022年、古民家カフェ「ごはんとおやつ　ねことまちあわせ」がオープン。ランチ11:00〜14:00、カフェ13:00〜17:00。メニューは日替わりでパスタやプレートランチなど。基本、土・日、祝日休みだが営業はSNSで確認を。

民宿 エリア 利島村 MAP P.94
寺田屋
てらだや

食事に定評がある漁師宿
　新館と旧館があり、新館は全室禁煙。和室があり、洗面所付きの部屋もある。談話スペースでは旅人同士、仲よくなれる雰囲気。ドルフィンスイム8800円を開催。

左／2010年にできた新館
右上／清潔感のある客室
右下／事前予約でランチの用意も可能

⊗ 利島港から車で約3分　🏠 利島村119-2
☎ (04992)9-0251
🏷 素5500円〜、朝夕7500円〜　客室数 7室　カード 不可
駐車場 あり　URL https://www.teradaya-yuuseimaru.com

民宿 エリア 利島村 MAP P.94
しんき
しんき

親戚の家におじゃましたような、心あたたかい宿
　漁師家族が営む民宿。清潔感のある和室と洋室を用意。ボリュームたっぷりの食事が自慢で、地魚や自家製の野菜を使った料理は絶品。利島産の魚介類を食べたいときは予約を。

上／和室も洋室もある　左下／イセエビは事前予約が必要　右下／若い夫婦が営む宿

⊗ 利島港から車で約3分　🏠 利島村51　☎ (04992)9-0028
🏷 素5500円〜、朝夕7500円〜　客室数 9室　駐車場 あり
URL http://minsyuku-shinki.com

選ばれた者だけが行ける島!?

船が欠航しやすく、
ヘリコプターは争奪戦
たどり着けばそこには、
穏やかな島らしい風景が広がる

空旅は10分間

上／風向きによって船が欠航になる場合も　下／わずか9席のみのヘリコプター

左／玉石の石垣が続く島ならではの風景　右上／静かな集落。島らしい風情が漂う　右下／勤労福祉会館にはボウリング場がある

　利島はたどり着くためのハードルが若干高い。大型船の就航率は通年83%、冬場で75%だが、高速ジェット船になると通年65%、冬場は34%にまで落ち込む。大型船の就航は比較的安定しているとはいえ、それでも4回に1回は欠航だ。そんななか、頼みの綱となるのが就航率90%を誇るヘリコプターだ。しかしここにも問題がある。それは席数が9席ということ。島人が交通手段として使うため、発売日の完売も多い。それでも一度利島に来れば、のどかな島の風情やあたたかい人々、豊かな自然に魅了されること間違いない。一度の欠航くらいで諦めるのは早い。何度でも来島にチャレンジしてほしい。

ピンクの椿絨毯は利島の冬の風物詩

voice 人口300人余りの小さな利島だが、30代の約85%が移住者というほど移住者が多い。その理由として、移住情報をきちんと島外に発信し、移住者を迎え入れる環境が整っていることが挙げられる。島人も移住者に対してオープンマインドだ。

99

利島 島人インタビュー 3
Islanders' Interview

利島の焼酎を片手に語らいましょう！

利島とここに暮らす人々が大好きだから、島を支える縁の下の力持ちとして生きがいを感じています

利島村役場　荻野 了さん
（おぎの　りょう）

本島の物産展やイベントに積極的に出て、島をPR

行ったこともない島に移住を即決！

　埼玉県からIターンで利島に移住した荻野了さん。

　「広告会社を辞めて職業訓練校に通っていたときに、ハローワークで利島の農協の臨時職員の求人を見つけすぐにとびつきました」

　利島に訪れたのは、面接のときが初めて。面接を終えたあと、面接官や民宿の人たちとお酒を交わすという今までにない体験に驚いた。

　「次の日には合格しました。そして翌月には利島に引っ越しました」

　とんとん拍子で島に移住した荻野さんだが、一時は島から去らねばならない危機もあったという。

　「農協で働いて1年。契約更新の時期でしたが話が進まず、もう島生活は終わりかと思いました」

　島の人からは役場の職員に応募してみてはどうかとすすめられた。しかし島内で違う職場に移るのに抵抗もある。そのときに背中を押してくれたのは「この島を気に入ったやつにいてほしいんだ」と言う島の人たちの言葉。村役場に勤めることを決意した。

おのずと見えてきた自分の役割

　島で生きることを決めたからには、島に貢献したい。

　「小さな島なので、農業、漁業、林業、観光すべてが私の担当。初めて触れる分野もありました」

　そこで、現場の人に会いに行き話を聞くことから始めた。

　「小さな島だからこそ、実際に会っ

て悩みや不満を聞けるんです。ある意味贅沢なリサーチ方法ですね」

　聞き込み調査を続けるうちに、自ずと問題点が見えてきた。

　「椿の木の老齢化や生産者の高齢化、後継者不足という問題がある中で生産力をどう上げるか、作業効率性の向上や担い手探しも課題です」

　夏には毎年、学生ボランティアを募り草刈作業など生産者と一緒に作業を行い、交流も進んでいる。

　荻野さんの役割は、いわば、隠れたパイプを見つけつなぐこと。

　「産業同士の横のつながりを作るのが今後の目標です。農業と観光、漁業と農業、さまざまな産業が手を取り合って島をよりよくできたら」

　最後に利島の好きなところを尋ねると、間髪入れず答えた。

　「小さな島とは思えないほどの、島の人の懐の深さです。私にとってはもはや故郷。とてもあたたかい島なんですよ」

島の人々とは、家族のような関係だ

利島村役場　利島村248　(04992)9-0011　URL www.toshimamura.org

よく知ると、もっと島が好きになる

伊豆大島・利島の深め方

More about Izuoshima & Toshima

活発な火山活動の繰り返しで生まれた島々。

大地の成り立ちや、離島ならではの複雑な歴史を知れば

旅の厚みがぐっと増すはず！

火山と椿が彩る、美しい島

伊豆大島・利島の地理と産業

■ 活発な火山が生んだ 変動する島、伊豆大島

伊豆大島は、岡田火山、行者の窟火山、筆島火山という3つの古い火山と、新しい伊豆大島火山からなる。5世紀頃、3つの火山を覆うようにしてできた1000mほどの高さの大島火山は山頂で水蒸気爆発を起こし、それをきっかけにカルデラができ、今の外輪山をなしている。その後おもに12回の大噴火を繰り返し、ほぼ今の姿になったのは、1777年から始まった安永の大噴火のこと。このときの噴火で流れ出た溶岩は、現在の地層大切断面近くや、大島公園南部の海岸にまで到達。大規模な噴火はそれ以降起こっていないが、中規模噴火はこの150年では35～40年間隔で4回、小規模噴火はさらに頻繁に起きている。

■ 全島民避難を乗り越え 噴火による防災対策を徹底

1986年11月15日、およそ12年の沈黙を経て、三原山は噴火活動を再開した。活動を繰り返しながら、21日の大爆発では、山頂から半径1kmもの範囲に噴石を飛ばし、新たに外輪山北西山腹から溶岩が噴出。新しい火口から流れ出た溶岩は元町方面へ向かい、溶岩は市街地から約200mの所に到達した。これを受けて、全島民約1万人が島外避難することとなり、その後1ヵ月間の避難生活を経て帰島した。それ以降、島では災害対策を強化。島内に多数の観測機器を設置し、火山活動の様子をモニターするほか、避難マニュアルを作成するなどし、定期的に繰り返す噴火に備えて万全の対策を取っている。

■ 静かに鎮座する宮塚山を中心に 椿油生産量日本一を誇る利島

伊豆大島から南南西約27kmに浮かぶ利島。周囲7.7kmの小さな島の火山は、伊豆大島とは一転して、静かだ。中央にそびえる標高508mの宮塚山は美しい円錐形で、古文書などに噴火したという記録はない。

利島の海岸線は荒々しい海食崖となっており、島の南東部は300mもの高さの崖が続く。これは黒潮の強い海流が長い年月をかけて島を浸食したためと考えられている。

島の主要産業は、漁業と椿油。島にある約20万本の椿は冬場に花を咲かせ、収穫した実で椿油を搾油する。あまり知られていないが、利島の椿油の生産量は全国有数。椿油の歴史は古く、江戸時代の年貢として納められた記録もある。

現在の三原山。かつて伊豆大島の最高標高は今より1.5倍ほど高かった

三原山には噴石に備えヘルメットが用意されている

利島の主要産業である椿産業は江戸時代から続いている

伊豆大島・利島を支える産業

漁業
貝の養殖で新たなチャンスを

恵まれた漁業環境にある伊豆大島、利島では、古くから漁業が盛ん。貝やイセエビ漁などのほか、トコロテンの原料である天草漁も行われる。新鮮な魚介類を販売する「海市場」は島人、観光客にも利用されている。

漁業協同組合加工部が開発する水産加工品にも注目が集まる

農業・酪農
復活した酪農や島野菜に注目

海洋性の温暖な気候を生かし、野菜類のほか、花き類の栽培が盛ん。農産物直売所「ぶらっとハウス」では島内農産物や、伊豆大島で育った牛のミルクから作る、アイスクリーム、牛乳、バターなどが販売されている。

再開した酪農。島の牛乳は濃厚で風味豊か

椿油
日本有数の椿油の生産地

伊豆大島に約300万本、利島に約20万本あるといわれている椿。冬場は咲き誇る椿の花が人の目を楽しませ、その実は良質な椿油をもたらしてくれる。スキンケアはもちろん、食用としても利用される。

実だけでなく、防風林、炭としても利用されてきた

voice 東京諸島は同じフィリピン海プレート上に並ぶ島々だが、島により異なる岩質をもつ。伊豆大島、利島、三宅島、青ヶ島は重く黒い玄武岩が主体。一方新島、式根島、神津島は白い流紋岩、御蔵島は玄武岩と安山岩からできている。

都心から約120km南に浮かぶ伊豆大島とそのさらに南南西に浮かぶ利島。
火山と椿に代表される島の地理を学ぼう。

Geography of Izuoshima & Toshima

過疎・観光業の衰退から アクティブな観光アイランドへ

　伊豆大島の観光業は1973年にピークを迎え、80万人を超す来島者を記録したが、徐々に減少が続き、最近は20万人程度だ。しかし島人たちは、ただ衰退を待つわけではない。2010年に日本ジオパークの認定を受けると島人に向けて、地域を巡る現地観察会やジオガイド養成講座などを開催し、島の魅力を再発見した。一度は途絶えた島の酪農も復活。島の学校の給食には大島牛乳が登場するようになり、大島バターや牛乳せんべいなどは今でも人気だ。近年マラソンやサイクリングなどのスポーツイベントも開催され、注目を集めている。都心から近いのに驚くほど豊かな自然が広がる伊豆大島。島ならではの体験を求めて出かけてみよう。

伊豆大島最大のイベント椿まつり。多くの観光客が来島する

観光業

体験型観光に近年人気上昇中

　夏の海水浴、冬の椿シーズンはもちろん、独特の景観は古くから人々を魅了してきた。近年では、トレッキングやサイクリング、マラソンなどのアウトドアアクティビティも盛んに行われ、注目を集めている。

近年サイクリストに優しい島としても評判

生きている地球の活動と生命の物語を知り楽しもう！

伊豆大島ジオパーク

　ジオパークとは「大地と人のつながり」が楽しく学べる貴重な場所。大迫力の噴火口や溶岩流跡、巨大な地層、荒々しい海岸線。これらはすべて、島そのものがひとつの活火山・伊豆大島火山の噴火がつくりあげた絶景だ。そんな厳しい環境のもとに進化した動植物や、島の風土を巧みに利用し営まれてきた人の暮らしや文化、伝統の食など、数々の魅力もすべてこの火山島ならではの産物。伊豆大島ジオパークを巡って、生きている地球の活動と、その上で育まれた生命の壮大な物語をじっくり味わってみてはいかが？

左／三原山の火口。1986年の溶岩の柱状節理が見られる　右上／島の南部にある波浮港も噴火により生まれた　右下／噴火で飛んできた噴石が地面にのめり込んだ跡、ボムサック

火山噴火の歴史を物語る縞模様の地層

　島の南西側、島の一周道路沿いにある地層大切断面。高さ約30メートル、長さ約600メートルにわたって地層の縞模様が重なる場所がある。これは、およそ150年から200年に1回程度、大噴火が起こり、そのたびに噴き上げられた火山灰が降り積もってできたもの。その様相からバームクーヘンとも呼ばれており、海外の火山研究者からも注目を集めている。

左／不思議な大地の造形をじっくり観察してみよう　右／バス停がバームクーヘンなのが粋！

ガイドツアーに参加してみよう

　ガイドの案内でジオパークを歩けばより深く島のことを知ることができる。伊豆大島ジオパークでは認定ガイドを紹介している。ガイドによって、地形や歴史、植物や文化など、得意分野が違うので、希望のガイドに案内してもらおう。

問い合わせ　大島観光協会　(04992) 2-2177

VOICE　本土と東京の島々を高速で結ぶ高速船（ジェットフォイル）は、航空機メーカーのボーイングが開発した水中翼船の一種。ボーイングが撤退以降は川崎重工が建造していたが、1994年を最後に国内では生産されず、2020年の新造船は実に25年ぶりだった。

103

伊豆大島・利島の歴史

縄文時代

大島 紀元前4500年頃
三原山の生成。

大島 紀元前4000年頃
伊豆大島に人が定住する。※滝の口遺跡や泉津岩陰住居跡の縄文土器から

利島 紀元前3000年頃
利島に人が定住。※縄文中期の竪穴式住居跡や、土器、石器、骨器の発見から

古墳時代

大島 616年
屋久島の掖玖人が2人、伊豆大島に流される。※日本書紀より

大島 699年
役小角が伊豆大島に流される。※後の行者祭りにつながったと伝わる。

奈良時代

利島 722年
『続日本記』にて、伊豆、安房、常陸、佐渡、隠岐、土佐の六国が、流罪の中で最も重い遠流の国と定められる。

平安時代

大島 1156年
平安時代の文化財である銅鏡が伊豆大島の薬師堂にて、松喰鶴の古鏡が差木地に伝わる。

大島 1185年
源為朝が伊豆大島に流される。

鎌倉時代

大島 1333年
鎌倉時代の文化財である木像七体が伊豆大島の野増大宮神社に伝わる。

室町時代

大島 1490年
伊豆大島にて差木地村、泉津村が開創される。

大島 1495年
八丈、三宅、御蔵、青島、大島、初島、神集島などが伊豆に属する。

江戸時代

大島 1603年
江戸期上代、伊豆大島で椿油の精油が始まる。

大島 1612年
波浮「オタイネの碑」にてたたえられる朝鮮婦女・ジュリアが伊豆大島に流される。

利島 1670年
利島にて行政機構改革により、島代官が廃止。代官の下役である手代による支配が始まる。

大島 1690年
塩納だった年貢が金納に替わる。

大島 1694年
現存する大島最古の古文書「大島浦窯百姓証文」が作成される。

大島 1703年
大地震に次ぐ大津波により、伊豆大島の波浮の池が港となる。※『古代より差出し帳』より

利島 1706年
江戸幕府に年貢として上納していた絹織物が廃止される。

大島 1724年
在島手代制が廃止され、利島では名主・年寄を中心に島内の行政が運営される。

利島 1756年
利島にて年貢金の代替として椿油が納められる。

大島 1766年
大島流罪の廃止。※『伊豆七島巡見志』より

大島 1800年
伊豆大島の波浮港が開港される。

明治時代

大島 1868年
韮山県（現在の静岡県、神奈川県、埼玉県、山梨県、東京都多摩地域）に伊豆諸島が属す。

利島 1871年
足柄県（現在の神奈川県西部、静岡県伊豆半島）に伊豆諸島が属す。

大島 1876年
静岡県（現在の静岡県）に伊豆諸島が属す。

大島 1878年
東京府（現在の東京都）に伊豆諸島が属す。

大島 1907年
静岡から利島に来島した炭焼き職人高藤常吉の指導により、良質な木炭が生産できるようになる。

利島 1908年
島嶼町村制が執行。伊豆大島の岡田村、新島村、泉津村、野増村、差木地村、波浮港村が単独村制施行。

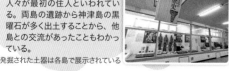

縄文時代
他島との交流をもつ痕跡が残る

伊豆大島・利島では数々の縄文時代の遺跡が発見されている。最も古い遺跡は伊豆大島での約8000年前の居住跡である下高洞遺跡だ。利島では、約6000年以上前に東海で使用されていた粕畑式土器をもたらした人々が最初の住人といわれている。両島の遺跡から神津島の黒曜石が多く出土することから、他島との交流があったこともわかっている。

発掘された土器は各島で展示されている

鎌倉～江戸
多数の罪人が島に流される

伊豆諸島は722年から遠流の地として指定された6国のうちのひとつ。天武天皇の子が流されたほか、修験道の開祖である役小角、保元の乱で敗れた源為朝、四十七士・赤穂義士の遺児などが伊豆大島に流された。記録に残っている流人は、伊豆大島が約150名、利島が10名だが、もっと多くの流人がいたと予想される。

流人はまた島に文化ももたらした

voice 利島で発見された遺跡は現在までに16ヵ所あり、そこからは住居跡や土器が発見される他、動物の骨が出土されている。サザエやウミガメ、イルカなど今も島にいる動物の骨も見つかっており、古くから利島に居ついているのがわかる。

江戸時代後期まで多くの歴史上の有名人が流されてきた、伊豆大島と利島。今ではダイナミックな自然が残る魅力的な島として、多くの観光客が訪れる。島の歴史を知れば、さらに島旅が楽しめる！

時代	島	年	できごと
明治時代	大島	1909年	伊豆大島内の新島村を元村と改称する。
大正時代	大島	1912年	大正元年より4年までの5年間、三原山が噴火を続ける。※『日本噴火史』より
大正時代	利島	1920年	大島々庁が、利島・新島・神津島・三宅島・御蔵島を管轄下に置く。
昭和時代	大島	1926年	大島々庁が大島支庁となる。
昭和時代	利島	1935年	明治末頃から始めた酪農が本格化。利島で大きな産業となるが、第2次世界大戦後に衰退する。
昭和時代	大島	1938年	伊豆大島の元村、差木地村間に大紛争が起こる。同年、ドイツのヒトラーユーゲント一行28名が来島する。
昭和時代	大島	1941年	8月11日、伊豆大島の三原山噴火。野増村消防組の仲介により流血を免れる。
昭和時代	利島・大島	1943年	「東京都政案」が可決され、伊豆大島・利島ともに東京都に属する。
昭和時代	大島	1946年	伊豆七島、日本国から行政分離。大島運営の執行府案を作成する。
昭和時代	大島	1946年	伊豆七島、日本国に復帰する。
昭和時代	利島・大島	1954年	伊豆七島が国定公園に指定される。
昭和時代	大島	1955年	大島六ヶ村合併により、大島町となる。
平成時代	利島	1994年	利島の八幡神社を改築時に、集石遺構が発見される。
平成時代	大島	2000年	伊豆大島の波浮港開港200周年を記念し、事業開催。
平成時代	大島	2010年	伊豆大島がジオパークに認定される。
令和時代	利島・大島	2020年	東海汽船の創立130年の節目に、高速船の新造船が就航。

さまざまな県の管轄を遷移した数奇な島の運命

伊豆大島・利島は、これまでにいくつもの県の管轄を経て今の東京都になった。その歴史を追ってみよう。江戸時代に現東京である幕府の直轄地だった島は、明治時代に入りかつての伊豆半島だった韮山県の管轄になった。韮山県とは明治政府が駿河国、相模国、武蔵国、甲斐国を管轄するために作った県である。その後、韮山県が現在の小田原、厚木と統合され足柄県になり、両島もその管轄下におかれるようになった。1876年に足柄県が解体し、その一部が静岡県に編入。伊豆大島や利島も静岡県となった。しかしその2年後である1878年には太政官布告第一号により、伊豆諸島は現在の東京都である東京府に管轄されることになった。東京に管轄を戻した理由として、伊豆諸島の裁判事務が東京裁判所へ帰属したこと、交通の利便性が高いこと、また江戸時代までは現東京の管轄であった伊豆諸島との経済的な結びつきがあることから、静岡県にも島民にもメリットがあると考えられたためだ。このような経緯から「伊豆」諸島と呼ばれているが、江戸時代から伊豆七島と呼ばれているという説もあり、定かではない。近年は小笠原諸島も含め計11島を総称し、東京諸島と呼ぶことも多い。

島からは伊豆半島が見渡せるほど距離が近い

明治時代
七島航路が開発され発展

東海汽船株式会社の前身である、有限責任東京湾汽船会社が1889年に設立されたことにより、1891年には御蔵島、三宅島、大島と伊豆諸島の定期運航が始まった。その後、利島を含む航路が確立。そのおかげで明治末から大正には多くの文人墨客が伊豆大島に訪れた。一方利島には、当時着岸できる港がなくはしけで人を運んだ。

館山や木更津から船を運航していた

昭和〜令和
日本分離危機を経て観光地へ

1946年にGHQからの指令で、伊豆大島、利島を含む伊豆諸島は行政分離を下された。しかし53日後、日本政府の働きにより解除され伊豆諸島は日本に復帰した。1955年の市町村合併で、今の大島町と利島村になった。その後の離島ブームで活況を呈した頃に比べ人口や来島客数は減ったが、今もなお島の風情は人々を魅了する。

雄大な三原山。常に人々を魅了した

 戦後、利島では交通手段の船が週に数便しかなく、天候による欠航も多かったため、医師の確保が難しく、村長の仕事は医師の確保だといわれるほどだった。そのため、ヘリコプター路線の開発が進められ、1958年ヘリポートが完成した。

歴史ある祭事からスポーツイベントまで盛りだくさん！

伊豆大島・利島の祭り歳時記

| 1月 | 2月 | 3月 | 4月 | 5月 | 6月 |

伊豆大島

伊豆大島椿まつり
❖ 1月下旬～3月下旬
❖ 伊豆大島全島

椿の開花を祝う祭り。オープニングセレモニーから週末に行われる夜まつりまでさまざまな催しが行われる。祭り期間中はスタンプラリーを開催。

赤やピンクに色づく椿を愛でよう

伊豆大島 カメリアマラソン大会
❖ 2月初旬　❖ 大島一周道路

2013年の台風で被害を受けた伊豆大島の観光復興として始まったマラソン大会。大島一周道路上で10kmまたは5kmを走る。小学生から参加可能。

椿まつり記念大島磯釣大会
❖ 2月初旬　❖ 伊豆大島内釣場

伊豆大島椿まつりの一環として行われる磯釣大会。魚の重量を競う。最優秀賞者には当日の最大釣魚が景品としてもらえる。

伊豆大島 ジオパークマラソン
❖ 5月中旬　❖ 伊豆大島全島

2019年に始まったマラソン大会。ダイナミックで美しい自然景観を眺めながら走ることができる。距離は5km、10km、フルマラソン、50kmがある。

島人の声援を受けて走ろう

伊豆大島 トライアスロン大会
❖ 6月初旬
❖ 伊豆大島特設コース

海岸線沿いを自転車で駆け抜けるトライアスロン大会。距離は2種類から選ぶことができる。参加者には露天温泉の割引券をプレゼント。

黒砂のビーチからスタート！紺碧の海が美しい

利島

山廻り
❖ 1月1日～3日　❖ 一番・二番・三番神様

三が日は一番神様から三番神様まで順に巡り参拝を行うのが島の慣わし。大晦日は阿豆佐和気命神社で焚き火を囲い「ジックワ火の歌」を歌う。

正月三が日に神社を回り参拝をする

ヒイミ様（海難法師）

伊豆諸島北部に伝わる伝説「日忌様」。伊豆大島の泉津地区にいた悪代官を倒した若者たちが、追手から逃げるため波治加麻神社の杉で船を作り逃げ出した。しかし後難を恐れた利島やその他の島では上陸できず、行方不明になった。毎年1月24日は霊が戻るといわれており、夜、島人は海を見ないようにしている。利島では海難法師と呼ばれ、各島で呼び名が異なる。

伊豆大島の行事

吉谷神社正月祭・岡田八幡神社正月祭
（東京都無形民俗文化財）

吉谷神社正月祭　1月中旬（不定期）
岡田八幡神社正月祭　1月中旬（2年に1度）

東京都無形民俗文化財に指定された祭り。吉谷神社正月祭では三原山の神様を鎮めるために舞う神子舞、岡田八幡神社正月祭では源為朝が神社を作ったという伝説を表現した天古舞や、歌舞伎の要素を取り入れた祭礼奉納踊りという踊りが披露される。事前に観光協会に問い合わせて開催するか確認しよう

行者祭
開催時期　6月15日　開催場所　伊豆大島：行者窟

伊豆大島に流罪となったといわれる修験道の開祖、役小角が修行していた公園内遊歩道から向かう行者窟で行われる海の祭り。島民はもちろんのこと、全国から行者講が来島し行う儀式だ。修験者がほらがいを吹き鳴らしお経を唱え、さらにヒノキの葉に点火し、祈りを書き記した護摩木を焚き上げる。なお、行者窟は落石の可能性があるので儀式の日以外は立ち入り禁止だ。

煙と炎が空へと立ち込める

voice　伊豆大島は昔、岡田村・元村・泉津村・野増村・差木地村・波浮港村と6つの村に分かれており、それらが合併して大島町となった。昔の村は、今では地区として名前を受け継いでいる。このように村で自治体が分かれていたこともあり、祭りの特色がそれぞれ異なる。

何千年もの昔から人が生活を営んできた伊豆大島と利島では、伝統的な祭事が今もなお受け継がれている。山にも海にも恵まれた伊豆大島では、その土地柄を生かしたスポーツイベントも。島人と一緒に島の祭りを楽しもう！

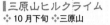

Festival of Izuoshima and Toshima

7月	8月	9月	10月	11月	12月

には花火が打ち上げられる

■伊豆大島 夏まつり
❖ 8月上旬
❖ 元町
元町仲通りを中心に行われる夏まつり。縁日はもちろん、舞台でコンサートや御神火太鼓の演奏、ダンスなども行われる。初日には元町港桟橋より打ち上げ花火が上がり、島人がこぞって集まる。

■伊豆大島御神火ライド
❖ 9月初旬
❖ 伊豆大島全島
火山島ならではの広大な自然を舞台に行われるサイクリングイベント。最後は海に沈む夕日を見ながらフィニッシュ。

平均勾配 9% の急坂にも挑む！

■三原山ヒルクライム
❖ 10月下旬 ❖ 三原山
山の斜面にかかった道・御神火スカイラインで行われるサイクリングイベント。平均勾配 8.6% の坂を 2 回駆け上がりベストタイムを競う。

雄大な島がゲームフィールド！

■伊豆大島ジオパークロゲイニング
❖ 11月下旬 ❖ 開催年により変更
雄大な地形を生かしたコースで、島の歴史・文化資産に設置されたポイントを獲得していく地図読みゲーム大会。

■伊豆大島 マラソン
❖ 12月中旬
❖ 伊豆大島全島
大自然を満喫できるマラソン大会。距離はフル・ハーフ・5km・10km がある。椿のトンネルや山・海景色を楽しみながら走る。

伊豆大島

■海開き
❖ 7月中旬
❖ カケンマ浜
利島の海開きは、島唯一の浜、カケンマ浜で行われる。カケンマ浜は砂浜がなかった利島に、2015 年に開設された人工海浜。

■盆踊り大会と花火大会
❖ 8月 13日・14日
❖ 利島集落
夏一番のイベント。帰省客や観光客も参加する。初日に盆踊り、2日目に花火大会が行われ、屋台や子供向けゲームコーナーがある。

利島にとってのお盆の日

利島

波浮比咩命神社祭禮
（はぶ ひめのみことじんじゃさいれい）
開催時期 7月末　開催場所 伊豆大島：波浮比咩命神社
波浮比咩命神社にて 2 日間にわたり行われる祭り。初日の夜宮では、島の小学生や大人が 12 曲を踊る。飛び入り参加で観光客が一緒に踊ることもできる。波浮港の仲通りにはぼんぼりがともり、いつもと違う町の風景が望める。翌日は朝から神輿や獅子舞、おかめひょっとこが仲通りから神社へと踊りながら練り歩き各家で厄祓いをする。

獅子舞やひょっとこ、そして島人の踊りが白熱する

8地区の夏祭り
開催時期 7月中旬〜8月中旬　開催場所 伊豆大島：各地区
夏になると伊豆大島内の 8 地区にて夏祭りが行われる。各地区の会場の真ん中に盆踊り会場が設置され、定番曲やマイム・マイム、子供向けの曲が流れ、島民や観光客が入り混じり激しく踊る。屋台も出店し、祭りムード満点。開催日は地区により異なるが、7月中旬から 8月中旬の間に行われる。

地区により特色が違いおもしろい

voice < 利島では毎年元日に八幡神社でヤブサメが行われていた。112 本の矢が山寄りか海寄り、どちらに多く射られたかによって、今年の豊作が山のもの・海のものどちらなのかが決まる。800 年ほど続く伝統行事であったが、今は休止されている。

107

島の伝統文化・伝統芸能

椿の季節に島で会える
あんこさん

写真上は昭和25〜26年頃の撮影。あんこさんが茶屋の前で桶を持ち踊る貴重な記録。現在は椿まつりなどのイベントが檜舞台だ

連綿と受け継がれる
大島の女性のアイデンティティ

「あんこ」とは年上の女性に対して親しみを込めた「姉っこ」という呼び方が変化した言葉。麻や木綿の着物と手ぬぐい、前だれをまとった女性の仕事着が原型で、昭和初期の観光ブーム時、あんこ姿の島の若い女性たちが注目されたことで島外に広く知れ渡った。

「私も小さい頃、あんこ姿でお客さんをもてなしたものです」

ホテル椿園の女将・清水勝子さんは、自らの幼少期をそう振り返る。当時すでに日常着から観光用途となっていたあんこ衣装だが、時を経るにつれ観光用としても陰りが見え、現在ではおもに観光行事など限られた場面でのみ着用されるにとどまっているのが実情だ。

そんな現状を打開すべく活動するのが清水さんの所属する伊豆大島アンコ文化保存会。あんこさんを大島の重要な文化資源ととらえ、保存・継承に奔走している。なじみの薄い若い世代にどう魅力を伝えるか、手探りの挑戦は続く。

ぜひ一度あんこは体験を！

お話を伺った人
伊豆大島
アンコ文化保存会
清水 勝子さん

清水さんの着用する前だれは、葬儀でも使えるように裏面が黒色のリバーシブルに。生活に根付いた伝統的なあんこのスタイルだ

伊豆大島アンコ文化保存会が制作した冊子「東京の島 伊豆大島アンコ風俗」。貴重な資料写真とともにあんこの成り立ちやスタイル、変遷などを解説する

麻や木綿素材が主流であったあんこさんの普段着。かつては多くの柄があったが、昭和50年代中頃以降、大島出身の民謡歌手の大島里喜さんが市松柄の衣装を好んで着用したことから市松柄が一般化した。

大島不動
TEL. 04992-2-1

1

噴火を繰り返す三原山を表現
御神火太鼓
（ご じん か だい こ）

**太鼓への思いをつなぐため
今できることをこつこつと**

　ドンドンドン！　館内に鳴り響く太鼓の音。披露してくれたのは菊池清さん。大島御神火太鼓保存会の会長だ。

「1973年のあの日のことは今でも忘れられない。親父たちが焼酎を飲みながら太鼓をたたき始めたのが始まりでした」

　菊池さんのお父さんを含め八丈島から移住してきた仲間は、飲んだ戯れに八丈太鼓をたたいていた。せっかくならこの島の芸能を作ろうと思い生まれたのが、三原山から噴出する火柱「御神火」をイメージした打法「乱れ打ち」。ふたつの太鼓をひとりで打つ奏法だ。

「2〜3人で始めた御神火太鼓ですが、やがて花見や椿まつりに呼ばれたりと披露する機会が増え、今では100人ほどの奏者がいます」れっきとした郷土芸能となったが、講師の不足と練習場所であるふるさと体験館の後継者不在で存続の危機にも直面している。

　だが祭りなどで披露すれば、感銘を受けた子供が学びに来ることもある。この文化を継承しようと今日も太鼓を島に轟かせている。

1. 椿まつり期間中や、週末に行われる夜祭で御神火太鼓を披露
2. 体験館で行われる
3. さまざまな太鼓が合わさりリズムを作る

お話を伺った人

ぜひ、ともに
たたきましょう

大島御神火太鼓
保存会会長
菊池 清さん

2代目会長の菊池さんは、農家でもあり
大島ふるさと体験館の館長でもある

URL www.island-net.jp/~taikenkan/

牛乳煎餅

えびすや土産店
津崎ほたるさん
Hotaru TSUSAKI

1. 1日の作業を終えた津崎さん。ようやく笑顔を見せてほっとひと息 2. 大島牛乳がたっぷり入ったタネを型に流し込む。タネづくりがおいしさの肝 3. 回転台の上に型を並べ、約6分かけて焼き上げる 4. 焼印を1枚ずつ手作業で入れる。型から取り出して完成

かつては「東洋のホルスタイン島」と呼ばれるほど酪農が盛んだった伊豆大島。大島牛乳を主原料とする牛乳煎餅もまた、100年の歴史を刻む島の特産品だ。

「小さい頃はおこぼれをもらいによく作業場に遊びに来ましたね」と懐かしそうに話すのは、創業67年の老舗・えびすや土産店3代目の津崎ほたるさん。故郷愛がやまず2016年に大島にUターンしたものの、その目に映ったのは苦労がにじむ職人としての父の姿。跡継ぎの思いを胸に秘め、父の働く作業場に通い続け、ついに根負けした父が「ほたる、やるか」と声を掛けてくれたという。

初代から伝わる手焼き製法を継承するのは至難の業だ。気温や湿度、タネの固さといった条件に応じて火力を微妙に調整する必要があり、気を抜くとすぐに失敗してしまう。1日の焼き上げ枚数は約800枚。朝8時に始め、作業を終える頃には12時を回る。その間、焼き台から一瞬も離れることなくただひとり、黙々とせんべいを焼き続ける。

「やってみたら案外、性に合うみたいで。静かな環境が好きなんですよね」

熱されたせんべいを扱う右手の指先には赤く固いマメ。「でも、これも今では勲章です」と津崎さんは殊勝な笑顔を見せた。

えびすや土産店 (→ P.80)

手焼きにこだわり67年、懐かしく優しい味の大島名物・牛乳煎餅

Profile＊つさき　ほたる
元町港そばの「えびすや土産店」の看板娘。第60代ミス大島。島外での生活を終え、2016年にUターン。2018年から3代目として牛乳煎餅焼きの見習い中。モットーは「黙々行吾道」。

VOICE 伊豆大島では気候が温暖で牛の餌となる青草が1年中繁茂し、心地よい潮風も牛を育てる環境に適していたことから明治時代に酪農が導入され、島の重要な収入源となった。かつては牛を引いて浜辺を散歩する光景が日常的に見られたという。

伊豆大島の土地の恵みを受けて発展した伝統産業。
時代が変わり、合理化の波が迫るなかでも自らの使命と受け止め、
昔ながらの手法に誇りを抱き仕事に向き合う職人にお話をうかがいました。

Traditional Crafts of Izuoshima

三原椿油

高田製油所

高田 義士 さん

＊

Yoshito Takata

1. 作業の傍らていねいに解説してくれた高田さん。背後にあるベルトは圧搾機の動力源　2. 良質な種を選別し、粉砕する　3. 砕いた種を蒸し、加工しやすい状態に　4. 玉締め圧搾法と呼ばれる明治時代から使われる手法で1時間ほど油を搾る。その後ろ過の工程を経て完成

椿油の原料となる椿の種。高田製油所では創業以来、島民が持ち寄った種を買い取り調達している。伊豆大島では昔から、風よけのために畑や家の周りに椿を植える習慣があった。椿は成長が遅く専業農家は成り立たないが、植えたついでに種を集めれば小遣い稼ぎにはなる。大島独自の、椿を媒介とした伝統的なエコサイクルとでもいえようか。

椿油の製造工程も見ものだ。「博物館級の年季になっちゃった」と4代目の高田義士さんが一笑する圧搾機は、祖父の代に導入したもの。

手間がかかり生産量も限られるが、殻ごと搾ることで栄養素を含んだ油を抽出でき、香りにも差が出るという。その質の違いを実感した購入者から届く喜びの声が仕事の励みだ。「お金を頂いてほめてもらえる。こんな商売はない」と高田さんは目を輝かせた。

しかし近年の椿油を取り巻く環境は厳しい。島の人口減少とともに椿の本数も減り、毎年のように原料調達の不安に直面する。だからこそ椿油の生産者という枠を超えた、包括的な取り組みの必要性も視野に入る。

「椿炭と椿油でアヒージョなんておもしろい。そのうち料理店を始めてるかもしれませんよ」

高田さんが語る夢。そこには先人が育んだ椿文化への敬愛の念が込められている。

高田製油所（→ P.54）

伝統工法による100％天然の椿油づくりで椿と寄り添ってきた島文化を守る

Profile ＊ たかた　よしと
創業1929年、高田製油所の4代目。18歳で離島し東京本土へ。建築業に携わった後、25歳でUターン。昔ながらの椿油の製造手法を守るとともに椿の新たな活用法も日々思案する。

voice　椿は苗木から実をつけるまで約30年かかる。それゆえ自生に頼るほかないが、年月をかけて育った椿の木は非常に堅く良質な炭となる。椿炭は火力が強くて火持ちもよく、焼けたあとの灰が白く細やかで美しい。

都会では手に入らない豊かな島暮らしがここに

島に恋して

大島に残る、
守らなければならない景色。
その魅力を五感で感じてもらいたい

伊豆大島ジオパークガイド
チョモさん

1

知るほどに好きになる
伊豆大島のポテンシャル

　人影まばらな、濃霧に覆われた三原山山頂の駐車場。そこで待ち合わせた男性は自らを「チョモ」と名乗った。チョモとはチョモランマ、つまりエベレストから取ったニックネーム。学生時代から登山が趣味で、6000m級のヒマラヤの山々にも登頂したキャリアの持ち主だ。

　「都内でずっと働いてきたので定年後は少し環境を変えたくて。『海と富士山が見えるところに住んでみたい』という家内の条件に合ったのが伊豆大島だったわけです」とチョモさん。別荘を建てたつもりがいまや本邸。人生どこに転機があるかわからないものだ。

　伊豆大島のなかでもチョモさんが気に入ったのはその雄大な自然。2010年に

2

3

4

1. 山男の貫禄が漂うチョモさん。仕事場である三原山山頂でお話をうかがった　2. ガイド業と並行してサクユリの保護活動にも取り組む　3. 大島版かしわ餅「カシャンバ」に使われるサンキライの葉　4. サクユリを探して藪の奥に分け入るチョモさん

　伊豆大島がジオパークに初認定された際は誘致活動にも尽力した。「裏砂漠は大島の宝ですよ」と目を細めるが、移住当初から大島の自然に造詣が深かったわけではもちろんない。ジオパーク認定前に行われたガイド養成講座に応募し、三原山の火山活動や動植物、島の郷土史にいたるまですべて一から学んだというから、その努力と行動力には頭が下がる。

　「伝えたいことが多過ぎて、ガイドではつい話し過ぎてしまうんです。本当はお客さんの五感に寄り添うくらいが理想ですが、まだまだですね（笑）」

　島の唯一の不満は「ガソリン代が高いこと！」と口をとがらせる。しかしそんなエピソードさえ、チョモさんの島暮らしの充実度を物語っているようだった。

Profile ＊ ちょも
1937年、長野県生まれ。学生時代より登山に親しみ、定年退職の後に妻とともに伊豆大島へ移住。2010年よりネイチャーガイドを務めるかたわら、大島の自然保護活動にも積極的に関わる。

サクユリは伊豆諸島固有のヤマユリで、ヤブツバキ、オオシマザクラと並び大島を代表する花。近年盗掘などの影響でその存在が脅かされ、東京都レッドリストで絶滅危惧II類に分類されている。

深い青色の海と深緑の森。リゾート地とはまた違う色濃い自然に囲まれた島・伊豆大島と利島。その雄大な自然に魅せられて島に移住した者、故郷に戻ってきた者がいる。彼らはなぜ島で生きるという選択をしたのか。話を聞いた。

Falling in Love with Izuoshima &Toshima

男性は漁師、女性は民宿
そして親は椿畑
家族全員で
島を活気づける利島の形

民宿　しんき
梅田 孝規さん

1

3

4

5

1. 梅田ファミリー。一番右が孝規さん　2. 小さな利島だが懐が深い　3. 酸素ボンベと網を持って海へ飛び込む！　4. 網に大量の魚が引っかかったときは気持ちいい！　5. 自分で取った新鮮なイセエビはこの上なく美味

島を出ても戻りたくなるほど
島人のあたたかさが心地いい

　利島では、家族がそれぞれの役割を担っている。今回話を聞いた梅田孝規さんの一家も、その典型的なパターンだ。
　「私と父は漁師、妻は民宿の女将、母と父は農家、そしてさらに島民のための居酒屋を開いています。椿畑も民宿も代々、受け継いでやってきています」
　高校のない利島では、進学のために島を出なければならない。しかし島を離れる前から将来は利島に戻ってくることを考えていた。漁師になるため水産関係の大学に進学。その後鎌倉で料亭に就職したのも、民宿を継ぐことを考えてのことだ。
　「鎌倉にいるときに結婚して、子供ができました。そのとき、島に戻るときだと感じたんです。実は妻はそれまで利島に来たことがなく、リゾートのような場所だと思っていたとか。実際に島に来てみてさぞ驚いたことでしょう」
　決してリゾート感はないが、星も海も美しくのんびりした島は、子育てには最高だ。

Profile ＊ うめだ こうき
利島出身。高校進学と同時に島を出る。大学を卒業したあと、料理の専門学校に進学。鎌倉の日本料理屋に就職し6年間勤める。2012年に利島へUターンし漁師として活躍。

島の人たちに見守られて、子供たちはすくすくと育つ。
　「なにより島にはそれぞれに役割があるのがいいんです。妻も今では女将として、農家として頼もしいかぎり。大きな歯車のなかのひとつではなく、みんながそれぞれの存在を必要とし、支え合っている。子供たちにもそんな経験をしてほしかったんです」
　漁師の仕事は夜が明け切らぬうちに始まり、1日中海に出ていることもある。その後、体力のある男性は椿畑で農作業をするのが1日の流れだ。気の遠くなるような重労働だが、料理人とは違い、毎回スクーバダイビングをしている感覚で潜れるし、自分のペースで働けるので、とっても楽しいんですよ、と笑う。
　「最近、父と私が取ってきたツボをを母がチップスにして販売を始めました。これがおいしくて。毎回200個くらい作るのですがその日のうちになくなってしまい品薄状態です。いつか島外でも発売したいですね。子供たちに期待かな（笑）」
　梅田さんの子供は3人。長男が頼もしく、釣り竿を振ってくれた。

voice　梅田家も店舗を出すという東京愛らんどフェアとは、東京都島しょ振興公社が定期的に都内で開催する、東京諸島の物産展。島でしか購入できない商品や、東京愛らんどフェアでしか取り扱いのない商品まで多数用意されている。利島ブースではサザエが販売されることも。

113

VOICE　2年に一度、竹芝客船ターミナルで行われるイベント「島じまん」。東京諸島11島が、観光資源や特産物、伝統工芸など島の魅力を都会の人に紹介しており、毎年約10万人の人が港に足を運ぶ。

旅行前に読んでおきたい
伊豆大島・利島
島本＆映画セレクション

伊豆大島や利島について書かれた本や映画をピックアップ。島の魅力が描かれたものから、自然や人の生活を扱ったものまで、知られざる島の魅力を深掘りしてみよう。

『東京の島』 紀行文
斎藤 潤 著
光文社新書 参考価格 キンドル 726 円
紀行作家の斎藤 潤氏が見た伊豆諸島を含む東京諸島の紀行文。個性に富んだ東京都の島嶼部での旅の様子が語られている。

これで島人になれるかも!?

『大島ガイド資料「伊豆大島の風俗」』 風俗史
柴山孝一 編著
自費出版 2100 円
伊豆大島の習俗、暮らし、言葉、伝説など 281 ページにわたり島人の生活を書き記している本。伊豆大島の藤井工房で手に入れることができる。

『島へ。Vol.76』 雑誌
海風舎 858 円
日本で唯一の島専門雑誌『島へ。』Vol.76 では、伊豆諸島を特集している。伊豆大島は山歩きと温泉の魅力について紹介。美しい写真にも注目。

『たろうとつばき』 絵本
作・絵 渡辺 有一
ポプラ社 1320 円
40 年以上のロングセラー絵本。小学 1 年生のたろうが入院した母を見舞うために、利島から東京までひとり旅をする。

『伊豆大島の植物』 植物
大島自然愛好会編 900 円
伊豆大島で見られる植物を約 200 種リストアップした図鑑。島の固有種など珍しい植物も多く存在する。大島町役場で販売されている。

椿のすべてがここにある!

『ジャポネイラ』 植物
尾川武雄 著
株式会社椿 1760 円
この 1 冊で伊豆大島にある椿のすべてがわかる。椿の育て方から椿油や搾り粕についてまで、椿研究家が調べ抜いた集大成が書き記されている。

『東京島の旅 伊豆諸島・小笠原諸島』 ガイド
薮下佳代 著
エルマガ MOOK 1320 円
島好きライターによる東京諸島のガイドブック。週末にふらっと行ける伊豆諸島と世界遺産の小笠原諸島、全 11 島のリアルな魅力を紹介する。

『ビビッドレッド・オペレーション』 アニメ
高村和宏 監督
株式会社アニプレックス DVD 5500 円
伊豆大島が舞台の SF アトラクション。世界中のエネルギーをめぐり、少女たちが世界のために戦う。© vividred project・MBS。

旅の情報源！　お役立ちウェブサイト

▶ **大島町公式サイト** www.town.oshima.tokyo.jp
伊豆大島の生活や環境など基本情報を掲載。島のイベントやニュースをチェックしよう。

▶ **大島観光協会** www.izu-oshima.or.jp
伊豆大島の観光スポットや飲食店、宿泊など観光に役立つ情報を紹介。

▶ **伊豆大島ナビ** https://oshima-navi.com
伊豆大島の役立つ観光情報を集めたサイト。地図や巡り方についても詳しい。

▶ **利島村公式サイト** www.toshimamura.org
利島村の生活など基本情報を掲載。

伊豆大島を舞台に繰り広げられるハートフルストーリー
二十代の夏 映画

伊豆大島に旅行をしにきた 20 代の若者たちが繰り広げるひと夏の恋。フランスの第 32 回ベルフォール国際映画祭にてグランプリと観客賞をダブル受賞。ネット配信中。
監督・脚本：高野徹
出演：戎哲史　福原舞弓　島津恵梨花　丸山昇平ほか　2017 年製作／ 42 分／ HD

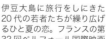

島でお待ちしています！

都会が失いかけているものがたくさんある。
その魅力を伝えていきたいのです

アイランドスターハウスオーナー **竹内 英**さん
（たけ うち すぐる）

カラフルな外観。アパレルデザイナーとしてもセンスが生かされている

別荘にするつもりが
魅せられて島へ移住

　ガタガタとした未舗装の道路を突き進むと、竹林の中に鮮やかな黄色の家が現れた。この奇抜な建物はどうやら宿らしい。宿を切り盛りするのは竹内英さん。都内で12年間、アパレルデザイナーとして勤めていたが、休暇で伊豆諸島に訪れ、観光と人の生活が混在した独特の空気に魅了されたという。
　「いつかは島暮らしをしたいと思っていました。物件を探していたらたまたま都心で買うよりお手頃価格でこの家が販売されていました。かなり傷んではいましたが、自分で直せ

「島☆家」は明治元年に建てられた古民家を2年かけて自分で改装した

るんじゃないかと考え、思い切って購入したんです」
　別荘のつもりが、毎週末リフォームのため島に訪れているうちに今すぐ住みたくなり移住を決意。
　結局、家は自分で住みつつ、一部を宿にすることにした。
　「友人の助けを得ながら1年半かけてリフォームをし、2015年に岡田地区にオープンしました」
　宿を運営した経験はなかったが、いろいろな宿を泊まり歩いた経験から、なんとなくイメージはあったという。徐々にリピーターがつき、今では通い詰める人もいる。
　「伊豆諸島には世界に通用する魅力がある。特に伊豆大島は東京から最短30分という立地で大自然に触れられます。移住して8年になりますが毎年新しい発見があり、噛めば噛むほど味わい深いんです」
　今は島全体の活性化についても考えている。2019年には、元町

地区に一軒貸しの「島☆家」をオープンした。宿を増やせば、観光客増加と雇用創出にもつながる。

培った経験をもとに
次のステップへ

　順風満帆に見えるが、会社を辞め、移住し自営することに対しては、家族の説得も含め覚悟が必要だった。それでも楽しい人生の一歩を踏み出した経験を生かし、今後は、同じく夢をもつ人が実現できるようサポートしたいという。
　「その思いが生まれたのも大好きな伊豆大島で島暮らしをすることができたからです。気持ちに素直に動けたことで、毎日楽しい日々を過ごしています」
　「東京なのに美しい大自然、島ならではの人のぬくもりなど、都会では感じられない日々を、ぜひ味わいに来てください」

アイランドスターハウス　→P.89

出発前にチェックしておきたい！

旅の基本情報
Basic Information

!

伊豆大島・利島の旅に欠かせない基礎知識をご紹介。
島への行き方からシーズン、遊び方、食の旬まで
知っておきたいトピックスを網羅しました。

旅の基礎知識

都心から約120km、伊豆半島からは約25kmの海上に浮かぶ伊豆大島と、その南に浮かぶ利島。島の概要や名産品など知っておきたい情報を紹介。

PART 1 まずは伊豆大島・利島について知ろう

美しい海に囲まれた、椿が彩る火山島。その魅力とは？

◇ 黒潮の流れを受けた 温暖多湿の海洋性気候

海流の影響を強く受けた伊豆大島、利島は、気温の寒暖差が小さく、黒潮の流れのため温暖多湿な海洋性気候。最も気温が下がる1〜2月はダウンジャケットやマフラーなどで防寒が必要だが、雪はほとんど降らず、三原山がうっすらと雪化粧する程度だ。ただし、冬場は季節風が強く、船が欠航することも。また、台風シーズンは大量の雨をもたらし、この湿潤な気候が美しい椿や、島の豊かな緑を育む。

オオシマザクラなど天然記念物も多い

◇ 数々の文人墨客に愛された 文学の町、波浮港

大島の南に位置する波浮港。9世紀の噴火でできた火口湖が1703年の大津波で海とつながり、そこを掘削して作られた港だ。明治から昭和にかけて、伊豆諸島の航海の要所としてにぎわった波浮港。与謝野鉄幹、与謝野晶子、野口雨情、幸田露伴など数多くの文化人が訪れ、歌や詩を残している。波浮港の町には文学碑が立てられている。それらを巡りながらノスタルジックな町を散策するのが楽しい。

波浮港見晴台からの眺め

◇ 噴火を繰り返す山が作る 圧倒的な景観美

伊豆大島のシンボル、三原山は伊豆大島火山という活火山の一部。1986年の噴火では全島民避難という事態も起こしたが、一方で、島民からは御神火と呼ばれ、歌に詠まれるな

長さ630mにもわたる地層大切断面。道路建設中に偶然発見された

ど親しまれてきた存在でもあることも事実だ。大島に点在する数々の絶景は、ほぼ火山活動によるものだ。水蒸気を上げる三原山の火口はもちろん、漆黒の裏砂漠、100回以上にも及ぶ噴火の堆積物が作り上げた地層大切断面など、火山島ならではの景観には、ただただ息をのむ。

◇ 多彩な地形を生かした スポーツアイランド

海水浴、ダイビングなどのマリンアクティビティはもちろんのこと、近年注目されているのが、マラソンやサイクリングなどのスポーツイベントだ。都心から1時間45分で到着できるという近さに加え、海を見ながらの島一周コースや、三原山への往復コースなど、変化に富んだ手応えのあるコース取りができ、初心者もベテランも満足できる地形が人気の秘密となっている。

自転車で駆け抜けるサイクリストの祭典

VOICE 岡田から泉津方面に向かう途中にある港が見える丘。富士山の眺望がすばらしく「関東の富士見百景」に指定されている。この地に昭和8年に訪れた小説家、林芙美子は「岡田港の眺めはナポリの漁師町と似ている」と述べている。

PART 2

伊豆大島・利島旅行のノウハウ Q & A

旅行を快適にするためにおさえておきたいポイントを紹介

シーズンのノウハウ

Q. ベストシーズンはいつ？

A. 海を楽しむなら夏、椿ならば冬

海水浴のシーズンは7〜8月。島に咲き誇る椿を見るならば1月下旬〜3月中旬までがベストシーズンだ。しかし、春はオオシマザクラの開花、梅雨時はアジサイ、秋はススキと1年中楽しめるのが伊豆大島の特徴。利島では夏場はドルフィンスイムも開催されている。

椿の品種はとっても豊富！

Q. 台風が来たらどうする？

A. 気象情報をチェックして

7〜9月を中心に台風が発生しやすい。島で台風が来たらテレビやインターネットで情報をチェックして。船の運航情報、発着港なども確認しておこう。利島は時化が残り数日間出港しないことがあるので、早めに大島に移動して。

Q. 服装の注意点は？

A. 夏は日差し、冬は防寒対策を

夏場は日差しが強いので、帽子、サングラスなどを。冬場は体感温度がかなり低いのでダウンジャケットやマフラーなどで防寒を。

伊豆大島のビーチは黒砂だ

遊び方のノウハウ

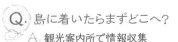

最新情報ならおまかせ！

Q. 島に着いたらまずどこへ？

A. 観光案内所で情報収集

元町港、岡田港には観光パンフレットが置かれているので、情報収集しよう。元町港の目の前には大島観光協会があり、観光の相談にものってくれる。また、竹芝桟橋の客船ターミナルでも、旅行パンフレットが置かれているので、船に乗る前にチェックしてみて。

大島観光協会ではフリー Wi-Fi も提供

Q. 現地ツアーは予約が必要？

A. 必ず事前に予約を

カルチャー体験も、アウトドアアクティビティも基本的に予約制だ。当日ではスタッフが手配できないこともあるので、旅程が決まったら、早めに予約を入れよう。

自然の中で体を動かしてリフレッシュ！

Q. 自転車は持ち込める？

A. 船で持って行くことが可能

受託手荷物として持ち込むことができる（別途運賃が必要）。

島内の観光協会や商店にはサイクルラックや工具がある

Q. 商店の営業時間は何時まで？

A. 夜には閉まってしまう店がほとんど

伊豆大島には24時間営業のコンビニエンスストアはない。スーパーマーケットの営業はだいたい19時くらいまで。朝は9時くらいから営業している。

voice 伊豆大島と利島は富士箱根伊豆国立公園に指定されていて、規制がある。指定植物の採取禁止や溶岩、物の収集の禁止など旅行客に関わる条例もあるため注意しよう。

レストランの ノウハウ

新鮮な地の魚！

Q. 伊豆大島で 必ず食べたい料理は？

A. べっこう寿司や海鮮を

海に囲まれた伊豆大島で味わいたいのは新鮮な魚介類。特に、青とうがらし醤油に魚を漬け込み、べっこう色になった魚を使った寿司はぜひ味わいたい。季節によってはキンメダイやサビ（クロシビカマス）、イセエビなども登場する。伊豆諸島のみで作られる魚の発酵食、くさやにもぜひトライしてみて。

Q. レストランの予約は必要？

A. 行きたい店は予約がおすすめ

夏休みや椿まつり開催中の週末などは特に混雑する。目当ての店があるなら予約が安心だ。また予約があった日のみ営業という店もある。岡田や波浮港はレストランそのものが少ないので、食べ損ねないよう注意しよう。

おみやげの ノウハウ

元町のみやげ店。オリジナルグッズもチェック！

Q. どんなおみやげがある？

A. 椿油や牛乳煎餅が定番

伊豆大島、利島では、島産の椿の実から搾った高品質の椿油が手に入る。生産量が少なく、なかには島でしか手に入らないものも。お菓子ならば大島発祥の牛乳煎餅が定番。また、大島周辺の海水からていねいに作られた塩などもおすすめだ。

高品質の椿油はマスト

Q. おみやげはどこで買う？

A. 港近くのみやげ店をのぞいてみよう

元町港や岡田港近くには商店が並んでいる。品揃えが若干違うので、お店巡りをしてみよう。

宿泊のノウハウ

Q. どんな宿泊施設がある？

A. 民宿やホテル、ゲストハウスも

伊豆大島には、温泉付きのホテルや、設備の整ったリゾートホテル、素朴な民宿、ドミトリー形式のゲストハウスなどがあり、宿泊先の選択肢は豊富。近年、古民家を改築し、一棟貸しする形態も増えている。宿は多数あるがハイシーズンは満室が続くので宿を確保して島に出かけて。利島は宿自体少ないので予約必須だ。

Q. 宿泊エリアはどこがいい？

A. 目的に応じて選ぼう

飲食店や商店が集まるのは元町。元町に宿泊すれば、宿以外で食事を楽しむこともできる。一方岡田や波浮港に泊まれば、静かな島情緒を感じることができる。

風情あふれる古民家ステイ

ファミリーならばキッチン付きの宿で自炊も楽しい

島内交通のノウハウ

Q. 島でのおもな移動手段は？

A. 自由に動きたいならレンタカーを

伊豆大島の公共交通機関はバス。しかし便数が多くないため、効率的に観光するには不向きだ。レンタカーは予約しておけば、当日到着港に車を持ってきてくれる店もある。

Q. 利島の移動手段は？

A. 徒歩か宿に相談しよう

利島の公共交通機関はない。徒歩で島を巡るか、宿泊先に移動手段について相談してみよう。

島京梵天ではさまざまなたい焼きがある。羽根付きたい焼きでは、ハムチーズマヨが人気メニュー。明日葉の葉を練り込んだ明日葉たいやきでは、メープルクリームチーズや黒ごまカスタードなどのフィリングを選ぶことができる。

お金のノウハウ

Q. クレジットカードは使える?

A. 現金を用意して

クレジットカードやモバイル通貨が使える店も増えているが、現金払いが主流。現金は多めに用意しておこう。

Q. ATM はある?

A. 銀行、郵便局の ATM がある

伊豆大島には元町に郵便局、みずほ銀行、七島信用組合の ATM が、そのほかの集落には郵便局がある。24 時間営業ではない。

しまぽ通貨を活用しよう!

しまぽ通貨とは、東京 11 島でお得に使える電子通貨のこと。7000 円で、1 万円分の宿泊旅行商品券を購入できる。1 万円のうち、3000 円分は宿泊施設で利用することが決められているが、7000 円は島内の加盟店で使用できる。有効期限は購入から 6 ヵ月。1 人最大 8 セットまで購入可能。※ 2023 年 3 月末まで終了予定。
URL https://shimapo.com

提携店でスマートフォンの画面を提示する

ネットワークのノウハウ

Q. 携帯は通じる?

A. ほぼ全域で通じる

どのキャリアもほぼ全域で通じる。ただし、島の東部では通じにくいところも。

Q. フリー Wi-Fi はある?

A. 大島町が提供するフリー Wi-Fi がある

伊豆大島では、島内のさまざまなスポットでフリー Wi-Fi を提供。誰でも自由に接続することができる。SSID は「IzuOshima_Free_Wi-Fi」。1 回 60 分で、利用回数制限はない。提供スポットはこちら。
URL www.izu-oshima.or.jp/upload/wi-fi.pdf

愛らんどセンター御神火温泉の休憩室。Wi-Fi が使えるのでお風呂上がりにのんびり

気になる! 食の旬が知りたい

伊豆大島の海の幸&山の幸の旬をご紹介!

旬の食材カレンダー

🍲 おいしく食べられる旬

	食材	1	2	3	4	5	6	7	8	9	10	11	12
農産物	パッションフルーツ							●	●				
	島トウガラシ							●	●	●			
	明日葉	●	●	●	●	●	●	●	●	●	●	●	●
海産物	イセエビ	●	●	●	●	●				●	●	●	●
	トコブシ				●	●	●	●	●				
	ムロアジ					●	●	●	●	●			
	島のり、ハンバ	●	●	●									
	アカイカ				●	●	●	●					
	サザエ		●	●	●						●	●	●
	イサキ					●	●	●	●	●			

voice 「しまぽ通貨」はスマートフォンの画面が著しく割れている場合、決済画面を読み取ることができない。しかし、その場合は店に割り振られている番号を直接入力することで決済することができるので安心を。一方通信環境が悪く画面が読み込めない場合は利用できない。

121

伊豆大島
利島へは
船や飛行機で

伊豆大島・利島へのアクセス

伊豆半島から南東 25km に浮かぶ大島とその南の利島。
大型船や高速船がおもな交通手段。

島へのアクセスマップは折り込み地図参照

✈ 飛行機でのアクセス

伊豆大島には、調布から飛行機が就航。

東京都にある調布飛行場と大島空港を新中央航空が結んでいる。所要 25 分。
機材はドルニエ 228-212NG。19 名乗り。

問い合わせ先
新中央航空株式会社　☎(04992)2-1651(大島カウンター)
URL www.central-air.co.jp

調布 ～ 大島		
便名	調布	大島
103	10:30	10:55
105	14:45	15:10

大島～調布		
便名	調布	大島
104	11:20	11:45
106	15:35	16:00

運賃

	大人片道	子供片道 (3～11歳)	往復割引運賃
調布 - 大島	1万2000 円	8400 円	2万2400 円

※時刻は変動するので HP などで確認を

調布飛行場へのアクセス

京王線調布駅北口から小田急バスで約 15 分「調布飛行場前」
下車。J R 中央線武蔵境駅南口、京王線調布駅北口からそれ
ぞれタクシーで 約 15 分 (約 2000 円) 前後。駐車場はター
ミナル前に第一駐車場 (25 台)、100 mほ
ど離れたところに第二駐車場 (80 台) がある。
駐車料金は 1 時間 100 円、1 日 1000 円。
繁忙期は満車になるこ
とが多いので注意。

売店、レストランなどはない
が、パンや島の名産を販売
する自動販売機がある

竹芝客船ターミナルへのアクセス

伊豆大島、利島への船が発着するのは
竹芝客船ターミナル。

＜アクセス＞
ゆりかもめ「竹芝」駅すぐ
JR 山手線・京浜東北線「浜松町」駅徒歩約 8 分
都営浅草線・大江戸線「大門」駅徒歩約 11 分

＜ターミナル施設＞
ターミナルには、パンやおにぎりなどを販売する売店や、島寿
司が味わえる食堂、東京諸島の名産が手に入るショップ「東
京愛らんど」などがある。また、隣接のニューピア竹芝にはファ
ミリーマート (7:00 ～ 23:00) がある。

「東京愛らんど」には島の焼酎や名産が勢揃い

竹芝客船ターミナル周辺の見どころ

船の乗船前後の時間に立ち寄れる、
周辺のおすすめスポット。

ウォーターズ竹芝

竹芝客船ターミナルから徒歩 5 分の所にあるウォーター
ズ竹芝。飲食店、ショップ、ホテル、劇場、水上バス乗
り場などが揃う複合施設で、広々とした芝生広場や干潟
もあり、ゆったりとした水辺の時間を楽しむことができ
る。コンビニやオーガニックフー
ドを扱うスーパー、ファストフー
ド店もあるので、船の中での食事
を仕入れるのにもいい。

テラスでひと息つける都会のオアシス

浜離宮恩賜庭園

江戸時代から残る代表的な大名庭園。海水を引くことに
より、潮の干満によって池の趣が変わるという趣向。現
在海水を引いた庭園は都内で唯一ここだけだ。春は菜の
花、夏から秋にかけて
はコスモスなどが彩り、
散策にちょうどいい。

都会のビル群と優雅な庭園の
コントラストに非日常を感じる

voice 伊豆大島ではポンプや工具などの自転車修理用具を用意しているスポットがある。おもな設置場所はぷらっとハウスや都立大島
公園、大島観光教会、元町港、岡田港など。いざというときに頼りになる。詳しくは観光協会へ。

船でのアクセス

ジェット船、大型客船、フェリー、お好みの方法で。

東京・竹芝桟橋から伊豆大島、利島へは、大型客船、ジェット船が就航。大型客船の島行きは夜行便となる。また下田から利島へはフェリーが運航。フェリーならクルマを運ぶことができる。

東京	ジェット船で最短1時間45分、大型客船（夜行）で最短6時間	伊豆大島
	ジェット船で最短2時間25分、大型客船（夜行）で最短7時間35分	利島
横浜	大型客船（夜行）で最短6時間30分	伊豆大島
	大型客船（夜行）で最短8時間10分	利島
熱海	ジェット船で最短45分	伊豆大島
伊東	ジェット船（季節運航）で最短35分	伊豆大島
久里浜	ジェット船（季節運航）で最短1時間	伊豆大島
	ジェット船（季節運航）で最短1時間40分	利島
下田	フェリーで最短1時間35分	利島

大型客船「さるびあ丸」は2020年夏に引退し新造「さるびあ丸」と交代した

2020年に就航した「セブンアイランド結」は、ジェット船初のバリアフリー仕様になっている

大型客船の客室は？

伊豆大島、利島へ向かう大型客船は、夜東京を出発し、早朝島着となる。2等から個室の特等まで6種類。

2等椅子席
140度リクライニングする椅子席。

2等和室
和室の大部屋。毛布は有料レンタル。

特2等室
2段ベッドの寝台。プライベート感あり。

1等室
布団付きの和室。10名程度収容。

特1等室
2段ベッドの個室。テレビ、浴衣付き。

特等室
2名定員の個室。シャワー、トイレ付き。

ジェット船

料金	東京	熱海	伊東	大島
大島	8700円	5530円	4610円	–
利島	9820円	–	–	2040円

大型客船

	2等	特2等	1等	特1等	特等
東京～大島	5370円	8060円	1万730円	1万2890円	1万5020円
東京～利島	5970円	8960円	1万1940円	1万4340円	1万6720円

フェリー

	2等	特2等	1等
下田～利島	4590円	6890円	9200円

※料金は月ごとに変動するためHPなどで確認を

問い合わせ先

ジェット船・大型客船：東海汽船　☎(03)5472-9999
URL www.tokaikisen.co.jp
フェリー：神新汽船　☎(03)3436-1146
URL shinshin-kisen.jp

大島と利島を結ぶヘリコプター

定員9名のヘリコプター「愛らんどシャトル」。大島、利島、三宅島、御蔵島、八丈島、青ヶ島を結ぶ足として活躍している。特に悪天候で船の欠航が多い利島はヘリコプターが強い味方。大島＝利島間は所要10分。7370円。1日1往復。

八丈島、青ヶ島、御蔵島、三宅島などを結ぶ

問い合わせ先

東邦航空予約センター　☎(04996)2-5222
URL http://tohoair-tal.jp

バスやクルマで島巡り

伊豆大島・利島島内の移動術

伊豆大島では、路線バス、レンタカー、観光タクシーなどを利用。利島には公共交通機関はないので、宿に移動手段を相談しよう。

路線バス

路線バスは島の主要スポットを網羅。時間に余裕があるなら便利。

問い合わせ先

大島旅客自動車株式会社　☎(04992)2-1822　URL www.oshima-bus.com
運賃は距離制で元町港〜大島公園が570円、元町港〜三原山頂口が900円。
1日乗車券2050円、2日券3100円もある。

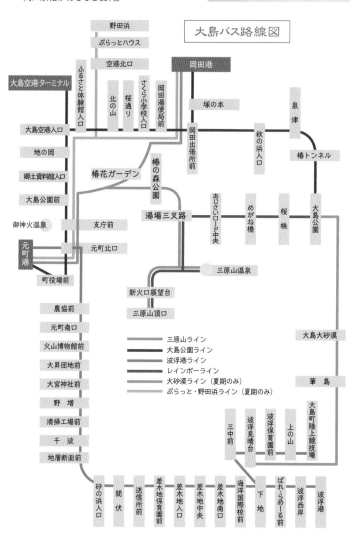

大島バス路線図

野田浜／ぷらっとハウス／空港北口／岡田港／塚の本／泉津
大島空港ターミナル／ふるさと体験館入口／北の山／桜通り／さくら小学校入口／岡田湯便局前／岡田出張所前／秋の浜入口／椿トンネル
大島空港入口／地の岡／郷土資料館入口／椿花ガーデン／椿の森公園／あじさいロード中央／めがね橋／桜株／大島公園
大島公園前／御神火温泉／支庁前／元町北口／湯場三叉路
元町港／町役場前／三原山温泉
農協前／元町南口／火山博物館前／大昇団地前／大宮神社前／野増／清掃工場前／千波／地層断面前
新火口展望台／三原山頂口
大島大砂漠／筆島
砂の浜入口／間伏／送信所前／差木地保育園前／差木地入口／差木地中央／差木地南口／海洋国際校前／ぱれ・らめーる前／下地／三中前／波浮見晴台／波浮保育園前／上の山／大島町陸上競技場前／波浮西岸／波浮港
三原山ライン
大島公園ライン
波浮港ライン
レインボーライン
大砂漠ライン（夏期のみ）
ぷらっと・野田浜ライン（夏期のみ）

バスルート

三原山ライン

元町港または岡田港を出発し、椿花ガーデン、三原山温泉、新火口展望台を通り三原山頂口まで運行。1日4往復。

大島公園ライン

元町港から岡田港、泉津を経由して大島公園へ向かう。1日12往復運行。

波浮港ライン

元町港から火山博物館、地層大切断面、ぱれ・らめーる、波浮港、波浮見晴台などの見どころを結ぶ。1日11〜12往復。

レインボーライン

大島公園から桜株、めがね橋、あじさいロード、三原山温泉、新火口展望台、三原山頂口を結ぶ。1日1往復。

大砂漠ライン（夏期のみ）

大島公園から波浮見晴台までの島の東海岸を運行。

ぷらっと・野田浜ライン（夏期のみ）

元町港、岡田港と野田浜を結ぶルート。ぷらっとハウスも経由する。

※季節により増減するのでHPで確認を。

▷ レンタカー

島を自由に巡るなら断然レンタカーが便利。予約しておくと、元町港か岡田港、当日船が着く港に車を用意してくれる。

魚釣りをする予定なら申し出を！

島で魚釣りの予定がある場合、予約のときに申し出が必要だ。申告せずに釣り竿や餌を持ち込み、車内に匂いがついた場合、清掃料金を請求されることがある。

伊豆大島レンタカー	☎ (04992)2-2691	トヨタレンタカー	☎ (04992)2-1611
海洋レンタカー	☎ (04992)2-3039	元町レンタカー	☎ (04992)2-3172

▷ レンタバイク・レンタサイクル

小回りが利く、レンタバイク・レンタサイクルも便利。アップダウンが激しいので、自転車で島一周はかなりハードだと考えておこう。レンタサイクル1時間600円～、1日1500円～。Eバイク半日3000円～、50ccバイク1時間1300円～、1日4000円～。

問い合わせ先

らんぶるレンタサイクル ☎ (04992)2-3398 (バイクあり)
南耕苑 ☎ (04992)2-2230 (バイクあり)
みよし土産品店 ☎ 080-2038-7653
戸井商店 ☎ 070-2158-4093
Volcanic Island ☎ 080-8118-7412

▷ タクシー・観光タクシー

島には流しのタクシーはないので電話で予約して。

料金の目安 元町から三原山 2300円
元町から椿花ガーデン 1200円
元町から空港 1500円

観光タクシー 全島一周（5時間）2万9300円
三原山往復（3時間）1万7580円

問い合わせ先

花交通タクシー ☎ 090-3095-2506
宮本交通 ☎ (04992)2-8258
あいタクシー ☎ (04992)2-0306
大島観光自動車 ☎ (04992)2-1051
三原観光自動車 ☎ (04992)2-2271
倉田交通 ☎ 090-2475-7498
長岡交通 ☎ (04992)2-2740

観光案内所活用術

島の情報を事前にゲットしよう！

伊豆大島や利島に着いたら、地図やパンフレットを手に入れよう。観光協会や各宿などで入手できる。

大島
◆ 一般社団法人大島観光協会

伊豆大島の観光協会の施設は、元町港近くにあるのがメイン。岡田港船客待合所内には週末限定でオープンする。伊豆大島の地図やアクティビティのパンフレットなどが置いてあり、現地スタッフだからこそ知る情報も教えてくれる。

MAP 折り込み①C3　交 元町港からすぐ
住 大島町元町1-3-3　☎ (04992)2-2177
時 8:30～17:00　休 なし

利島
◆ 利島勤労福祉会館

利島には観光協会がない。その代わりに勤労福祉会館では3種類ほどの観光パンフレットを用意している。質問があれば近くのスタッフに尋ねてみよう。

MAP P.95　交 利島港から車で約4分
住 利島村1351　☎ (04992)9-0046
時 9:00～18:00　休 月曜(祝日の場合火曜)

voice 島にはENEOS、出光などのガソリンスタンドがある。営業時間は7:00～19:00くらいが目安。早朝に島を出発する場合は前日に給油しておこう。ガソリン価格は、島価格。本土よりも少し割高だ。

125

伊豆大島 元町

赤門
MAP 折り込み①C2　住 元町1-16-7　電 (04992)2-1213

大島南耕苑
MAP 折り込み①C4　住 元町2-7-11　電 090-7839-1965

伊豆大島貸別荘Futaba
MAP 折り込み③A2　住 元町和泉94-5　電 090-2659-6023

大島グランド
MAP 折り込み③A2　住 元町字北野　電 (04992)2-3635

海楽
MAP 折り込み③B2　住 元町字北の山184　電 (04992)2-1456

カプセルホテルアイランド伊豆大島
MAP 折り込み①C4　住 元町2-3-12　電 (04992)2-0665

かんいち旅館
MAP 折り込み①C3　住 元町1-6-4　電 (04992)2-2016

グリーンホテルたかた
MAP P.74A1　住 元町字八重の水174　電 (04992)2-3581

ゲストハウスオアシス アイランドゲート
MAP 折り込み①D2　住 元町4-10-5　電 (04992)2-1238

ゲストハウスKOIZUMI
MAP 折り込み①C4　住 元町2-13-17　電 (04992)7-5288

ゲストハウス もりおの家
MAP 折り込み①D1　住 元町1-22-8　電 (04992)7-5567

交楽荘
MAP 折り込み①C3　住 元町1-8-3　電 (04992)2-3231

桜田
MAP 折り込み①C4　住 元町2-7-14　電 (04992)2-1388

島宿 金砂
MAP 折り込み①C2　住 元町1-21-4　電 050-7123-3008

宿泊処 レスト 風-KAZE-
MAP P.74B3　住 元町神田屋敷　電 (04992)2-1285

大陣
MAP 折り込み①D1　住 元町4-15-1　電 (04992)2-1313

友
MAP 折り込み③A2　住 元町字地の岡65-30　電 (04992)2-3132

離れ宿 喜船
MAP 折り込み③B2　住 元町字北の山136-1　電 (04992)2-1171

ふれあい民宿・椿山
MAP 折り込み①D1　住 元町4-19-52　電 (04992)2-1488

フレンドハウス
MAP 折り込み①D1　住 元町4-15-19　電 (04992)2-0061

ペンションいち・まる・いち
MAP P.74A1　住 元町字水溜183-7　電 (04992)2-5225

ペンションみなもと
MAP 折り込み①C2　住 元町1-16-3　電 (04992)2-1002

ホテル奥源
MAP 折り込み①C3　住 元町1-4-3　電 (04992)2-1019

ホテル白岩
MAP P.74B3　住 元町3-3-3　電 (04992)2-2571

Volcanic Island
MAP 折り込み①C4　住 元町2-2-2　電 080-8118-7412

マリンプラザワイズドリーム
MAP 折り込み③A2　住 元町赤秃92-4　電 (04992)2-4966

万立荘
MAP 折り込み③A2　住 元町字野地637　電 (04992)2-1094

三浜館
MAP 折り込み①D2　住 元町4-6-13　電 (04992)2-1304

美芳 (ホテル椿園)
MAP 折り込み①B2　住 元町1-17-8　電 (04992)2-1111

湯の宿くるみや
MAP P.74B1　住 元町字八重の水245　電 (04992)2-2551

旅荘 富士や
MAP P.74A2　住 元町仲野203　電 (04992)2-2738

岡田

朝海館
MAP P.84A1　住 岡田字助田58-1　電 (04992)2-8344

公秀
MAP 折り込み②B1　住 岡田7　電 (04992)2-8225

ゲストハウス舟吉
MAP 折り込み②B1　住 岡田新開24　電 (04992)2-8447

癒楽 伊豆大島
MAP 折り込み③C1　住 大島町岡田10　電 (04992)7-5931

民宿鳴海
MAP 折り込み③A1　住 岡田字新開137-2　電 (04992)2-8977

野田浜園
MAP 折り込み③B1　住 岡田字新開234　電 (04992)2-8341

八幡荘
MAP 折り込み②B1　住 岡田4　電 (04992)2-8746

リゾートホテルパームビーチ
MAP 折り込み③A1　住 岡田新開205　電 (04992)2-8511

三佳
MAP 折り込み②B1　住 岡田字新開107-1　電 (04992)2-8177

良作丸
MAP 折り込み②B1　住 岡田5　電 (04992)2-8545

泉津

おくやま荘
MAP P.74B1　住 泉津字秋の原32-11　電 (04992)2-8528

宿 あさの
MAP 折り込み⑤A1　住 泉津秋の原7-2　電 (04992)2-8091

野増

ヴィラ タラッサ
MAP 折り込み⑥A1　住 野増字王の上766　電 090-9831-7550

差木地

凪
MAP P.90A3　住 差木地2　電 (04992)4-2788

波浮

はぶの家
MAP 折り込み④D2　住 大島町波浮港16　電 090-9011-1950

三原山

大島温泉ホテル
MAP P.82B1　住 泉津字木積場3-5　電 (04992)2-1673

利島

利島館
MAP P.94　住 利島村32　電 (04992)9-0222

民宿かおり荘
MAP P.94　住 利島村6　電 (04992)9-0038

民宿かねに荘
MAP P.94　住 利島村59　電 (04992)9-0034

民宿西山
MAP P.94　住 利島村1566　電 (04992)9-0229

民宿山中荘
MAP P.94　住 利島村26　電 (04992)9-0136

民宿永楽屋
MAP P.94　住 利島村20　電 (04992)9-0334

伊豆大島

愛らんどセンター　御神火温泉 ･･････････ 73
赤ダレ ･･････････････････････････････････ 83
赤禿 ･･････････････････････････････････････ 75
秋の浜 ････････････････････････････････････ 60
あじさいレインボーライン ･････････････ 83
イエローダイブ＆コルギテラス ････････ 49
伊豆大島 夢工房 ････････････････････････ 58
伊豆大島火山博物館 ････････････････････ 75
伊豆大島郷土資料館 ････････････････････ 75
伊豆大島リゾートゴルフクラブ ････････ 86
海のふるさと村 ････････････････････････ 65
裏砂漠 ････････････････････････････････････ 83
オオシマオーシャンソルト ･････････････ 58
大島キャンピングレンタカー ･･･････････ 49
大島のサクラ株 ････････････････････････ 85
大島のふるさと体験館 ･････････････････ 58
岡田港客船ターミナル ･････････････････ 85
オタイネの碑 ･･････････････････････････ 91
表砂漠 ････････････････････････････････････ 83
海中李 ････････････････････････････････････ 57
貝の博物館 ぱれ・らめ一る ･････････････ 91
外輪山展望台 ･･････････････････････････ 83
カッパの水の伝説 ･･････････････････････ 75
金光寺 ････････････････････････････････････ 57
グローバルネイチャークラブ ･･････････ 48
ケンボーダイビング ･･･････････････････ 49
弘法浜 ････････････････････････････････････ 60
御神火スカイライン ･･･････････････････ 83
潮音寺 ････････････････････････････････････ 57
砂の浜 ････････････････････････････････････ 60
さきんかの道 ･･････････････････････････ 53
神泉寺 ････････････････････････････････････ 57
仙寿椿 ････････････････････････････････････ 53
泉津の切り通し ････････････････････････ 85
泉津の椿トンネル ･･････････････････････ 53
谷口酒造 ････････････････････････････････ 59
地層大切断面 ････････････････････ 75、103
椿の森公園 ･･･････････････････････････････ 53
椿花ガーデン ･･････････････････････････ 52
鉄砲場の岩陰遺跡 ･･････････････････････ 86
戸川商店 ････････････････････････････････ 49
トウシキキャンプ場 ･･･････････････････ 65
トウシキ遊泳場 ････････････････････････ 60
都立大島公園 ･･････････････････････････ 51
都立大島高等学校 ･･････････････････････ 85
中之橋 ････････････････････････････････････ 85
野地の椿 ･･････････････････････････････････ 53
波治加麻神社 ･･････････････････････････ 85
日の出浜 ････････････････････････････････ 57
福聚寺 ････････････････････････････････････ 57
筆島 ･･･････････････････････････････････････ 91
ポムサック ･････････････････････････････ 91
港の見える丘 ･･････････････････････････ 85
三原山温泉大島温泉ホテル ･････････････ 73
元町 浜の湯 ････････････････････････････ 72
ヨウジン岬展望台 ･･････････････････････ 91
瀧王崎灯台ново砲場 ･･････････････････ 91
瀧泉寺 ････････････････････････････････････ 57
林浦寺 ････････････････････････････････････ 57
アンジェリカ ･･････････････････････････ 70
居酒屋 島 ･･･････････････････････････････ 86
一峰 ･･･････････････････････････････････････ 66
飲食店・かあちゃん ･･･････････････････ 87
海風シーウィンズ ･･････････････････････ 87
魚味亭 ････････････････････････････････････ 77
海のキッチン ･･････････････････････････ 87
大関寿司 ････････････････････････････････ 91

押し花 ････････････････････････････････････ 92
海鮮茶屋 寿し光 ･･･････････････････････ 67
割烹 市松 ･･･････････････････････････････ 66
cafe メルシー ･･････････････････････････ 92
カフェルームサン ･････････････････････ 92
カレーハウス木里吉里 ･････････････････ 76
観光喫茶MOMOMOMO ･･･････････････ 69
Green Tights Coffee ･･････････････････ 79
軽食ちび ･･････････････････････････････････ 86
舟や ･･ 77
雑魚や 紀洋丸 ････････････････････････ 76
36CAFE ････････････････････････････････ 71
四季の味 まんたて ･･･････････････････････ 77
島ぐらしカフェ chigoohagoo ･･･････････ 68
島のアイスクリーム屋 トリトン ･･･････ 78
シャロン ････････････････････････････････ 78
鮨 陽宝丸 ･･････････････････････････････ 88
STARFISH AND COFFEE ･･･････････････ 71
スナックエム ･･････････････････････････ 70
炭火焼居酒屋 六輪 ･････････････････････ 76
炭火焼肉 駅 ････････････････････････････ 76
つばき寿司 ･････････････････････････････ 77
島京梵天 ････････････････････････････････ 69
島里なばな食堂 ････････････････････････ 69
Bar Futaba ････････････････････････････ 78
Hav Cafe ･･････････････････････････････ 68
浜のかあちゃんめし ･･･････････････････ 87
ピザよし ････････････････････････････････ 67
フルーツファクトリー大屋 ･････････････ 87
港鮨 ･･ 92
港の食堂 Bistro U・TO ･･･････････････ 67
名代 歌乃茶屋 ････････････････････････ 83
焼鳥よっちゃん ････････････････････････ 79
らぁ麺よりみち 伊豆大島 ･･･････････････ 79
阿部森売店 ･････････････････････････････ 79
醤鮨商店 ････････････････････････････････ 92
海市場 ････････････････････････････････････ 80
海のパン屋さん ････････････････････････ 80
えびすや土産店 ････････････････････････ 80
げんろく ････････････････････････････････ 88
しま⇔じま ･････････････････････････････ 88
ぶらっとハウス ････････････････････････ 64
みよし土産店 ･･････････････････････････ 79
洋食キッチンライヅ ･･･････････････････ 78
ワノサトキッチン ･････････････････････ 88
WINE-ISLAND 風待 ･･･････････････････ 80
アイランドスターハウス ･･･････････････ 89
青とサイダー ･･････････････････････････ 93
赤門 ････････････････････････････････････ 126
朝海館 ･･････････････････････････････････ 126
ASOVILUX ･････････････････････････････ 71
伊豆大島貸別荘 Futaba ･･･････････････ 126
ヴィラ タラッサ ･････････････････････ 126
大島温泉ホテル ･･････････････････････ 126
大島グランド ････････････････････････ 126
大島南耕苑 ･･････････････････････････ 126
おくやま荘 ･･････････････････････････ 126
大人向け一棟貸しの宿 いなかや ･･･････ 89
海楽 ･･･････････････････････････････････ 126
カプセルホテルアイランド伊豆大島 ･･ 126
昔と野 ････････････････････････････････ 89
かんいち旅館 ････････････････････････ 126
公秀 ･･･････････････････････････････････ 126
グリーンホテルたたK ･･･････････････ 126
ゲストハウスオアシスアイランドゲート ･･ 126
ゲストハウス 空と風 ･･････････････････ 89
ゲストハウス KOIZUMI ･･････････････ 126
Guesthouse 甚之丸 ･･･････････････････ 80
ゲストハウス舟吉 ･････････････････････ 126
ゲストハウス もりおの家 ･･･････････ 126
交楽荘 ･･･････････････････････････････ 126
桜田 ･･･････････････････････････････････ 126
島☆家 ･･･････････････････････････････ 80
島ぐらしカフェ chigoohagoo ･･････････ 88
島の宿 近 ･･････････････････････････････ 63
島の宿 近 別館～松～ ･･････････････････ 93
島宿 金邨 ･･･････････････････････････ 126
宿泊処 レスト 風 -KAZE- ･････････････ 126

大陣 ･･･････････････････････････････････ 126
でんハウス ･････････････････････････････ 81
島京梵天 ････････････････････････････････ 62
友 ･･････････････････････････････････････ 126
凪 ･･････････････････････････････････････ 126
野田浜園 ････････････････････････････ 126
離れ宿 喜順 ･････････････････････････ 126
はぶの家 ････････････････････････････ 126
バリアフリーペンション すばる ･･･････ 80
Hale海 Guest House・oshima ･･･････ 81
Book Tea Bed IZUOSHIMA ･･･････････ 62
ブランブル一和 ･･･････････････････････ 81
ふれあい民宿・椿山 ･･････････････････ 126
フレンドハウス ････････････････････ 126
ペンションいち・まる・いち ･･･････ 126
ペンションみなもと ････････････････ 126
ホテル慶湊 ･･････････････････････････ 126
ホテル カイラニ ･････････････････････ 93
ホテル白岩 ･･････････････････････････ 126
Hotel MOANA ･･･････････････････････ 89
HORIZON ･･･････････････････････････ 93
Volcanic Island ･･･････････････････ 126
mashio hotel & resort ･･･････････････ 81
マリンプラザワイドリーム ･･･････････ 126
万定荘 ･･･････････････････････････････ 126
三浜館 ･･･････････････････････････････ 126
美芳（ホテル椿園） ･･････････････････ 126
三佳 ･･･････････････････････････････････ 126
民宿御滝 ････････････････････････････ 126
Motomachi Base ･･････････････････････ 63
宿 あさの ･･･････････････････････････ 126
八幡荘 ･･･････････････････････････････ 126
湯の宿くるみや ･････････････････････ 126
癒楽 やすらぎ ･･･････････････････････ 126
リゾートホテルパームビーチ ･･･････ 126
Resort villa miko ･･････････････････････ 63
良作丸 ･･･････････････････････････････ 126
旅荘 富士や ･････････････････････････ 126
露伴 ･･･････････････････････････････････ 63

利島

阿豆佐和気命神社 ････････････････････ 98
カケンマ浜 ･･････････････････････････ 60
利島村郷土資料館 ･･････････････････ 98
宮塚山 ･･･････････････････････････････ 96
利島農業協同組合 ･･････････････････ 98
利島のおみやげ屋さんモリヤマ ･････ 98
まるみ商店 ･･････････････････････････ 98
吉々屋本店 ･･････････････････････････ 98
しんせ ･･･････････････････････････････ 99
Soudaimo ･･･････････････････････････ 98
寺田屋 ･･･････････････････････････････ 99
利島館 ･･･････････････････････････････ 126
民宿永塚屋 ･････････････････････････ 126
民宿かおり荘 ･･･････････････････････ 126
民宿かに荘 ･････････････････････････ 126
民宿西山 ･･･････････････････････････ 126
民宿山中荘 ･････････････････････････ 126

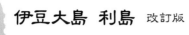

地球の歩き方 島旅 15 伊豆大島 利島 改訂版

STAFF

Producer	梅崎愛莉
Editors & Writers	アトール（澄田直子）、Fujico、永島岳志
Photographers	吉川昌志、永島岳志
Designer	坂部陽子（エメ龍夢）
Maps	千住大輔（アルト・ディークラフト）
Proofreading	ひらたちやこ
Printing Direction	中山和宣

Special Thanks　取材協力・写真提供：東京都大島町役場、
一般社団法人大島観光協会、利島村役場、東海汽船、
Tokyo Islands、津崎流野、TO-ON デザイン、
伊豆大島アンコ文化保存会、竹内英

地球の歩き方 島旅 15　伊豆大島 利島 改訂版
2023 年 1 月 31 日　初版第 1 刷発行

著　作　編　集	地球の歩き方編集室
発　行　人	新井邦弘
編　集　人	宮田崇
発　行　所	株式会社地球の歩き方 〒 141-8425　東京都品川区西五反田 2-11-8
発　売　元	株式会社Gakken 〒 141-8416　東京都品川区西五反田 2-11-8
印　刷　製　本	株式会社ダイヤモンド・グラフィック社

※本書は基本的に 2022 年 9 月の取材データに基づいて作られています。
発行後に料金、営業時間、定休日などが変更になる場合がありますのでご了承ください。
更新・訂正情報 ▶ https://book.arukikata.co.jp/support/

本書の内容について、ご意見・ご感想はこちらまで
〒 141-8425　東京都品川区西五反田 2-11-8
株式会社地球の歩き方
地球の歩き方サービスデスク「島旅　伊豆大島　利島編」投稿係
URL ▶ https://www.arukikata.co.jp/guidebook/toukou.html
地球の歩き方ホームページ（海外・国内旅行の総合情報）
URL ▶ https://www.arukikata.co.jp/
ガイドブック『地球の歩き方』公式サイト
URL ▶ https://www.arukikata.co.jp/guidebook/

●この本に関する各種お問い合わせ先
・本の内容については、下記サイトのお問い合わせフォームよりお願いします。
　URL ▶ https://www.arukikata.co.jp/guidebook/contact.html
・広告については、下記サイトのお問い合わせフォームよりお願いします。
　URL ▶ https://www.arukikata.co.jp/ad_contact/
・在庫については　Tel ▶ 03-6431-1250（販売部）
・不良品（乱丁、落丁）については　Tel ▶ 0570-000577
　学研業務センター　〒 354-0045　埼玉県入間郡三芳町上富 279-1
・上記以外のお問い合わせは　Tel ▶ 0570-056-710（学研グループ総合案内）

※本書は株式会社ダイヤモンド・ビッグ社より 2020 年 2 月に初版発行したものの最新・改訂版です。
※学研グループの書籍・雑誌についての新刊情報・詳細情報は、下記をご覧ください。
学研出版サイト ▶ https://hon.gakken.jp/
地球の歩き方旅公式サイト ▶ https://www.arukikata.co.jp/shimatabi/

島旅の思い出やおすすめを教えて！

読者プレゼント

ウェブアンケートに
お答えいただいた方のなかから、
毎月1名様に地球の歩き方
オリジナルクオカード（500円分）
をプレゼントいたします。

詳しくは下記の
二次元コードまたは
ウェブサイトをチェック！

URL
https://www.arukikata.co.jp/
guidebook/enq/shimatabi